本成果得到外交部中欧关系研究"指南针计划"和中国—中东欧国家关系研究基金资助。

本成果得到中国社会科学院创新工程"与国际知名智库交流平台项目"的大力支持。

本书也是国家社科基金项目"中东欧国家在'丝绸之路经济带'战略构想中的地位与风险评估研究"（2014 年立项）的先期成果。

国家智库报告 2015（28）
National Think Tank

国 际 问 题 研 究

欧洲和"一带一路"倡议：回应与风险

刘作奎 著

EUROPE AND "THE BELT AND ROAD" INITIATIVE: RESPONSES AND RISKS

中国社会科学出版社

图书在版编目 (CIP) 数据

欧洲和"一带一路"倡议：回应与风险/刘作奎著.—北京：中国
社会科学出版社，2015.12
（国家智库报告）
ISBN 978 - 7 - 5161 - 7327 - 5

Ⅰ.①欧…　Ⅱ.①刘…　Ⅲ.①能源经济—经济合作—研究—
中国、欧洲　Ⅳ.①F450.62②F426.2

中国版本图书馆 CIP 数据核字（2015）第 288776 号

出 版 人	赵剑英
责任编辑	王　茵
特约编辑	陈雅慧
责任校对	邓雨婷
责任印制	李寡寡

出　　版	中国社会科学出版社
社　　址	北京鼓楼西大街甲 158 号
邮　　编	100720
网　　址	http://www.csspw.cn
发 行 部	010 - 84083685
门 市 部	010 - 84029450
经　　销	新华书店及其他书店

印刷装订	北京君升印刷有限公司
版　　次	2015 年 12 月第 1 版
印　　次	2015 年 12 月第 1 次印刷

开　　本	787 × 1092　1/16
印　　张	10.5
插　　页	2
字　　数	86 千字
定　　价	39.00 元

凡购买中国社会科学出版社图书，如有质量问题请与本社营销中心联系调换
电话：010 - 84083683

摘要：本报告分为四个部分：中东欧国家和欧盟机构对"一带一路"倡议的回应，欧洲精英对"一带一路"倡议看法问卷调查，"一带一路"在欧洲布局和建设的风险评估，针对"一带一路"倡议在欧洲建设的政策建议。

中东欧国家对"一带一路"倡议的回应具有两面性。一方面，中东欧国家大多支持中方提出的倡议，并做出积极的反应；另一方面，对倡议具体内容缺乏了解，期待中方能够做出更具体的布局规划。欧盟机构的反应也具有两面性。一方面，它对中方倡议会推动欧洲范围内的互联互通和贸易合作表示出积极支持的态度；另一方面，欧盟又担忧中方倡议可能将其"分而治之"，干扰欧盟规则的实施，因此，积极利用规则加以限制。

欧洲精英对"一带一路"倡议看法问卷调查是国内乃至国际上首次就中欧在"一带一路"倡议背景下展开合作的专题性、权威性调查活动。本次问卷调查执行时间从 2015 年 6 月至 9 月，问卷主要来源于欧洲国家（主要是欧盟及其成员国和候选国）官员、智库、企业家和媒体记者。调研对象国家总共包括 25 国，基本涵盖了欧盟主要成员国和候选国。调研主要结论是：第一，欧洲精英对"一带一路"倡议的基本精神了解和定位相对准确,倡议的正面和积极意义也为欧洲精英基本认同,即推动双方的贸易合作和互联互通;第二,在"一带一路"倡议大的基本面有所了解的基础上,对其深层次的目的和具体内容,欧洲精英认识不清,认为中方有必要做深层次阐释;第三,欧洲精英高度重视推进"一带一路"倡议上的机制化建设,认为合理的机制建设是推进"一带一路"倡议的基本保障;第四,欧洲精英认为民心相通很重要,是中国推进"一带一路"倡议的基础;第五,欧洲精英高度重视中欧在"一带一路"合作上与第三方合作问题,这个第三方包含的行为体主要是俄罗斯和美国;第六,欧洲精英对"一带一路"倡议与"容克投资计划"对接表现出不了解或不乐观态度;最后,精英们认同人文交流的重要性,但并不认为意识形态差异是主要的阻碍,比意识形态更为重要的是文化和思维方式的差异。

本报告第三部分主要论述的"一带一路"倡议在欧洲面临的风险,即"丝绸之路经济带"和"中欧陆海快线"分别面临的风险。丝绸之路经济带面临的风险来自国内和国外两个维度。国内问题主要集中在(1)国内物流运输互不统属导致不良竞争；（2）中国地方省市"各自为政"为境外合作国家提高要价提供了可乘之机；（3）物流运输产品存在偏离市场规律现象等。国际风险是（1）"丝绸之路经济带"沿线国家和地区的经济、产业、贸易规模、结构和发展趋势等问题尚需明确的调查和分析；（2）沿线国家较多，大国势力盘踞，并拥有广泛利益，增加了中国的投资风险。

"中欧陆海快线"建设则面临五大风险：（1）希腊持续不断的危机、（2）马其顿政治危机、（3）巴尔干地区的恐怖主义等非传统安全问题、（4）欧盟的制度和规则限制、（5）欧洲难民危机。

最后，本书对相关情况提出了政策建议，主要包括：加强内外统筹协调，做好丝绸之路经济带中的通道建设工程；集中力量处理好战略上最为重要的区域，积极打开合作突破口；做好机制建设等顶层设计工作，畅通合作渠道；积极稳妥地处理好与欧盟关系；务实灵活地处理中国同有影响力的次区域组织的合作；准确阐释"一带一路"精神实质，把握好"一带一路"建设大的原则方向；具体个案具体处理，妥善解决地区危机；做好问卷调查，善于发现问题；既要做好机制创新，也要创有所想，创有所用；鼓励开展第三方合作；加强同多边机构的合作。

关键词："一带一路"倡议 欧盟 中东欧问卷调查 风险预防 政策建议

Abstract: This report is made up of four parts: the first part is the response to "the Belt and Road" initiative from Central and Eastern European countries and EU institution; the second part is the survey on European Elites' opinions on "the Belt and Road" initiative; the third part is the risks assessment on the layout and construction of "the Belt and Road" initiative in Europe; the fourth part is the policy suggestions on the construction of "the Belt and Road" initiative in Europe.

The responses from Central and Eastern European countries to "the Belt and Road" initiative have two sides: On one side, most of the CEECs support China's initiative and give positive feedback. On the other, they lack of the knowledge of the specific content of "the Belt and Road" initiative. They hope China could put forward some more specific frameworks or plans. It is also the case for European Union. On one side, it holds the positive and supportive attitude towards the interconnectivity and trade cooperation within the Europe pushed by China's "the Belt and Road" initiative. On the other, it worries that China could "divide and rule" the EU through its "the Belt and Road" initiative, therefore, it takes advantage of its rules to constrain China.

This survey on European elites' opinion on "the Belt and Road" initiatve is the first quantitative research related to China-EU Relations under the framework of "the Belt and Road" initiative domestically and internationally. The main target group in the survey is policy makers, researchers or scholars, entrepreneurs and media reporters from most of European countries, but mainly from CEE countries among which 16 CEE countries included in "the Belt and Road" initiative.

The survey conclusions are the following:

Firstly, the European elites have relatively clear understanding of the basic spirit of the "the Belt and Road" initiative and they approve the positive side of the Initiative. China strives to promote trade cooperation and inter-connectivity under the "the Belt and Road" initiative, which is in accord with the European interests and welcomed by the European side.

Secondly, though the European elites have a basic understanding of the "the Belt and Road" initiative, they seem to be unclear about its deep-rooted purpose and contents. They highlight the need for Chinese side to elaborate more interpretations. Some elites have concerns or unrealistic expectations about the Initiative as it is difficult for them to grasp the deep-rooted goals of the Initiative.

Thirdly, the European elites attach great importance to the construction of mechanisms in promoting the "the Belt and Road" initiative. They consider reasonable mechanisms as the basic guarantee of this initiative.

Fourthly, the European elites consider that the increasing understanding among the people is of much importance, which set foundation for promoting the "the Belt and Road" initiative.

Fifthly, the European elites also attach great importance to China-EU cooperation with the third party on the "the Belt and Road" initiative, mainly with Russia and the US.

Sixthly, the elites showed little understanding or pessimistic attitude towards the integration of the "the Belt and Road" initiative with Juncker Investment Plan.

Last but not least, the elites recognize the importance of people-to-people exchange, but they do not view the differences in ideology as the main obstacle.

The third part of this report analyzes the risks which "the Belt and Road" initiative faced with in Europe. The report focuses on the "Silk Road Economic Belt" and "China Europe Land and Sea Express". The Silk Road Economic Belt faces with a series of challenges both domestic and international. For domestic challenges, it included: Firstly, unhealthy competition has emanated from China's domestic logistics transportation mismanagement. Secondly, since the various provinces have failed to unite they are competing against each other on price. Thirdly, there exists the phenomenon of goods transportation moving away from the law of the market. For international challenges, it included: Firstly, the economic situation, industries development, trade structure and development tendency of "the Belt and Road" initiative neighboring countries and regions still need to be further investigated and analyzed. Secondly, given the huge potential of the Eurasian market, states and regional organizations have unveiled their own plans for constructing such a corridor, one after another. To date, the United Nations, the United States, the EU, Russia, Turkey, Kazakhstan, and Japan, among others, have all announced plans spanning Eurasia, making the contest for the Eurasian international corridor all the more fierce.

The China Europe Land and Sea Express faces with five kinds of risiks which included: (1) the continous crises happend in Greece (2) the Macedonian political crisis (3) the non-traditional security issues such as terrorism existed in Balkan region（4）the constraints from EU's institutions and rules（5）European refugee's crisis.

Basedon the above mentioned challenges and risks, the author put forward a series of policy suggestions.

Key words："the Belt and Road" Initiative, European Union, Central and Eastern Europe, Questionaire Survey, Crisis Aversion, Policy Suggestions

目　录

序　言

　　"一带一路"是新时期中国出台的全新战略倡议，它以促进中国与相关国家互联互通和经贸合作为主导，积极推进政策沟通、货币流通和民心相通。在"一带一路"倡议中，欧洲/欧盟将扮演重要角色。比如，欧盟是中国的第一大贸易伙伴，第一大外资来源地，是中国经济发展的重要支撑，是"一带一路"倡议中需要重点经营的区域。"一带一路"倡议将成为沟通两大文明、连接两大市场的重要纽带，会进一步助力双方的全方位合作。

　　自 2013 年 9 月中国国家主席习近平在哈萨克斯坦纳扎尔巴耶夫大学讲演中提出打造"丝绸之路经济带"的战略构想，2013 年 10 月访问印度尼西亚时提出致力于同东盟国家共同建设"21世纪海上丝绸之路"后,"一带一路"建设工作逐渐铺开。2014年11月召开的中央财经领导小组第八次会议提出,加快推进"丝绸之路经济带"和"21世纪海上丝绸之路"建设,并对"一带一路"建设规划了顶层设计。2015年2月,"一带一路"建设领导小组正式亮相,标志着"一带一路"建设工程进入实质性操作阶段。

从工程建设的角度看,"丝绸之路经济带"和"21世纪海上丝绸之路"都与欧洲尤其是中东欧密切联系在一起。

从目前的情况看,中国"一带一路"建设在欧洲布局主要有两条线,即北线和南线。北线是以欧亚大陆桥为主要通行线路,它从中国内陆省份和西部出发,途经新疆、中亚、俄罗斯到欧洲(大部分行经中东欧)。这条线路已开通了多趟班列,如重庆至德国杜伊斯堡的"渝新欧"国际货运班列、武汉至捷克布拉格的"汉新欧"货运班列(后改至汉堡和明斯克)、成都至波兰罗兹的"蓉欧快铁"、郑州至德国汉堡的"郑新欧"货运班列、义乌至西班牙的"义新欧"货运班列、苏州至波兰华沙的"苏满欧"货运班列、湖南至德国杜伊斯堡的

"湘欧快线"等。

南线是由中国南部沿海城市出发，经过海运线路到地中海至希腊的比雷埃夫斯港（以下简称"比港"）。比港是希腊最大港口，被称为"欧洲的南大门"。以往中国的货物要想进入欧洲，都需要穿过印度洋、绕行非洲南端的好望角，再纵向穿越整个南大西洋，路经西非海岸，几经辗转抵达欧洲。而通过比港，中国货轮可以直接穿过红海、苏伊士运河在比港卸货，经由希腊—马其顿—塞尔维亚—匈牙利铁路直接运送到欧洲腹地。这条全新线路开辟了中国到欧洲距离最短的海运航线，使中国货物抵达欧洲的海运时间缩短了7—11天。它目前已成为近两年中国决策层力推的欧洲"一带一路"建设工程。2014年12月李克强总理访问塞尔维亚时，与相关各方会商，确定了以上述线路为基础建立中欧陆海快线的规划。

中方提出"一带一路"倡议后，在欧洲国家，尤其是在中东欧国家（中东欧16国全部被列入"一带一路"倡议框架），引起了多元的反响，欧盟机构也对"一带一路"倡议表示了一定的关注，并期待这一倡议能够与欧盟现有的多项工程和计划对接。

欧洲对"一带一路"倡议有反响是一件好事,这在某种程度上说明了"一带一路"倡议对整个欧洲是有吸引力的,欧洲也希望能够搭上中国经济发展的便车,充分利用中方提出的各种倡议和搭建的平台发展经贸关系。但对于欧洲的回应,我们仍需仔细分析,不能满足于其官方表态,而是应分析其表态背后的动机是什么,双方具体合作潜力在哪里。在本论著中,笔者通过大量的实地访谈和调研,就欧洲的回应作出具体的分析,从而为双方未来合作提供一些具体的政策建议。

本书还关注另外一个重要问题,就是"一带一路"建设在欧洲面临的风险问题。对于风险,应该始终要有防范意识,尽管一些风险不必然会发生在我们身上,但风险意识要始终存在,并积极作出预防,防患于未然总比亡羊补牢好些。比如,我们在欧洲"一带一路"建设的标志性工程——中欧陆海快线,一开始就面临着希腊政局动荡、马其顿政治危机、欧洲难民危机等一系列事件的干扰。同时,中欧之间的陆上通道即"丝绸之路经济带"建设也面临一系列困难和挑战。中国和欧洲之间不但存在规则壁垒,而且存在技术壁垒,乃至信任赤字,这些因素互相叠加，加大了中国在欧洲构建"一带一路"的难度。中方对此须有清醒的认识，未雨绸缪，方能有的放矢。

本书能够出版，是多方资助和支持的结果。首先感谢国家社科基金的资助，2014 年笔者申请国家社科基金一般项目"中东欧国家在'丝绸之路经济带'战略构想中的地位与风险评估研究"（项目批准号 14BGJ013）获得立项，这使得笔者有一定的资金和时间开展有关研究。

2015 年，欧洲研究所课题组又成功申请到了外交部中国—中东欧国家关系研究基金项目"中东欧地区的利益相关者及对中国—中东欧合作影响研究"以及外交部中欧关系研究"指南针计划"项目"'一带一路'倡议背景下的中欧合作研究"，两个重要项目的立项也使得笔者有机会开展更为广泛的研究，为本书的最终完成打下必要的基础。

2015 年 6 月，受中国社会科学院创新工程"与国际知名智库交流平台项目"资助，笔者赴中东欧国家 3 个月，就中东欧与"一带一路"倡议展开了实地调查。调研期间，笔者以波兰国际事务研究所为主研究基地，顺访了大部分中东欧国家，拜访了这些国家的政要、议会议员、知名智库、高校学者和基金会工作人员等，获得了大量翔实的第一手资料，从而也为笔者完成此项成果打下坚实的基础。

第一章 中东欧国家和欧盟机构对 "一带一路" 倡议的回应

关于欧洲国家对"一带一路"倡议的回应，情况相对复杂，因为南欧、北欧、东欧和西欧四个维度国家的反馈基本上是不同的，且在这四个维度的欧洲国家中，不同国家的关注度也不一样。中东欧国家的反应最为积极，其他几个维度的欧洲国家的反应并不如中东欧国家那样积极。而作为欧洲重要行为体的欧盟，也对"一带一路"倡议作出了一定的回应。不过，欧盟的回应有针对中国和中东欧国家合作的因素，也有对整个欧盟发展战略的考虑。有鉴于此，笔者这里重点以中东欧国家和欧盟机构对"一带一路"倡议作为主要切入点进行实证考察与分析。为了弥补对其他维度欧洲国家关注的不足，笔者展开了相应的问卷调查，从更大范围的欧洲考察相关国家精英对"一带一路"倡议的看法，做到定性与定量研究相结合、实证研究与文献分析相结合。

一　中国对中东欧国家政策的发展阶段：从区域合作到互联互通到"一带一路"

自 2012 年中国—中东欧国家波兰华沙峰会开始，中国对中东欧国家的政策具有明显的阶段性特点，具体体现在：

第一阶段是以区域合作为导向。这一阶段主要以 2012 年波兰华沙峰会及其后续行动为标志。因 2009 年欧债危机影响，中东欧国家纷纷"向东看"，中国相关部门决策者认为欧债危机后投资中东欧市场的窗口期已经出现，中国对中东欧地区开始"重新发现"。① "经济利益"和"传统友谊"使得双方一拍即合，走到了一起。② 在波兰

---

① 崔洪建：《中国与中东欧之间的"重新发现"》，新华网 2012 年 9 月 7 日，http://news.xinhuanet.com/world/2012 - 09/07/c_ 123686311.htm.

② Economic Interests and Traditional Friendship, Cohesive Forces in China CEE Relations, http://news.xinhuanet.com/english/china/2013 - 11/27/c_ 132923488.htm.

华沙峰会上，中国面向中东欧国家推出了十二点务实合作举措。从这一阶段看，中方启动了合作进程，并且在彼此有合作意愿的基础上，积极推动双边合作走向新的层次。

第二阶段是以中欧关系全面、均衡发展以及中欧之间的"互联互通"为导向。中方认为中国—中东欧国家合作是中欧合作新的重要引擎。[①]它可以推动中欧关系更加均衡、可持续发展，有利于欧洲一体化进程。这一阶段以2013年的布加勒斯特峰会及其后续行动为主要标志。同时，这一阶段中国政府还积极推动中国和中东欧国家以及中欧之间的"互联互通"。

第三阶段是以推动"一带一路"建设在欧洲的布局为主要导向。这里以贝尔格莱德峰会及其后续行动计划为主要标志。"中欧陆海快线"建设成为此届峰会及峰会后续行动的最大亮点之一。"一带一路"成为助推中国—中东欧合作新的牵引力量。

第四阶段则强调了中国与欧洲国家战略对接，强调

---

① 2014年5月，王毅外长在会见中国—中东欧国家协调员会议时提出上述观点，该观点在2014年9月斯洛文尼亚第二届中国和中东欧高级别智库论坛以及随后一系列会议和事件中得到充分讨论。

合作的互惠性，并以"一带一路"倡议等为合作载体。具体包括：实现"16＋1合作"同"一带一路"建设充分对接；实现"16＋1合作"同中欧全面战略伙伴关系全面对接；实现"16＋1合作"同各自发展战略有效对接。

中国对中东欧国家政策的阶段性特点主要体现为：由一种区域合作模式逐渐演变为中欧合作（互联互通）的重要助推力量，乃至"一带一路"的重要布局地区（16个中东欧国家全部被纳入"一带一路"倡议框架下）。从某种程度来说，这一合作进程体现出中国对欧洲乃至全球的战略需求。同时，从第二阶段开始，也即李克强总理访问罗马尼亚积极推进中国—中东欧双方的互联互通开始，"一带一路"布局已经开始在中东欧展开，至第三阶段明确了目标。因此，"一带一路"倡议背景下的"16＋1合作"从布加勒斯特峰会已出现端倪。至第四阶段，"一带一路"倡议在中国中东欧国家合作中的作用得到全面强化，成为推动"16＋1合作"的基本动力之一。

二　中东欧国家和欧盟机构对中国各阶段合作倡议的回应及原因分析

（一）推动中国和中东欧国家区域合作的维度

从区域间合作的角度来推动中国和中东欧国家关系发展一开始就在中东欧国家和欧盟机构间引发一定的争议，主要体现在下列三个层面：

一是中东欧国家间有一定的差异性。一些中东欧国家决策者和智库认为，中东欧 16 国的差异主要表现在语言、文化、宗教、社会习俗与传统、经济规模、自我认同等方面。斯洛文尼亚国务秘书伊戈尔·森察尔强调，中方不应忽视中东欧 16 国的差异性并应予以重视。16 国中有的是欧盟成员国，它们必须特别尊重欧盟的法律规定，承担欧盟所规定的权能和责任。① 差异性和多样性甚至构成了中东欧地区的基本特征之一，它们的发展诉求在某些方面是不同的，发展对华关系的着眼点

---

① Opening Speech by State Secretary at the MFA of Slovenia, Mr Igor Sencar, 2nd High Level Symposium of Think Tanks of the People's Republic of China and Central and Eastern European Countries, 2 and 3 September, 2014, Bled, Slovenia.

也会有所不同。同时，中东欧国家所支持的区域合作与中方有不同的指向，它在实践中分为三个不同的区域，中欧区域、东南欧区域和波罗的海区域。中欧区域包括维谢格拉德四国，奥地利有时也被纳入。东南欧区域则不仅包括西巴尔干六国和罗马尼亚及保加利亚，有时还包括希腊和土耳其等国家。波罗的海国家部分官员则强调，从地缘角度看，波罗的海三国更接近于北欧国家，更倾向于参与到欧洲北方区域的有关合作倡议。①

二是中国对中东欧的区域政策在某种程度上缺乏中东欧国家的整体性回应。如某中东欧智库认为："在中方主导推动的'16＋1合作'框架下，中东欧国家对于想要做什么没有一个清晰的日程，这不是双边关系发展正确的战略方向。从中东欧国家方面来讲，需要对发展这种关系有一种清晰的视角，中东欧国家应是与中国合作的与众不同的行为者，它们也需要有所作为，在双边日程设置上发出自己的声音，双向互动才能凸显合作的价值和可持续性。"② 在这一方面，虽然部分国家提出了区

---

① 资料来源于 2015 年 6 月 5 日笔者与立陶宛某驻华使馆官员的会谈。

② Remarks by Matvez Raskovic, 2nd High Level Symposium of Think Tanks of the People's Republic of China and Central and Eastern European Countries, 2 and 3 September, 2014, Bled, Slovenia.

域合作日程，但整体上讲，中东欧国家缺乏从区域层面做出的整体性回应。

三是来自欧盟的怀疑。欧盟官方已通过各种渠道表示，16 国的未来在欧盟，欧盟已经通过多种途径和方式让它们融入欧盟，外部力量将其另组建一个新的区域框架，是对欧盟统一和团结的一种干扰。斯洛伐克某智库认为，欧盟一开始就对中国寻求区域合作的动机表示怀疑，认为这是树立了新的"中东欧"集团，唤醒中东欧国家对过去历史和社会制度的回忆，是对欧洲一体化机制的伤害。①

需要强调的是，从区域合作的角度发展与中东欧国家关系也得到一些中东欧国家的积极回应。

确立中国和维谢格拉德集团（简称 V4）对话机制是来自中东欧国家最受瞩目的反馈。多个来自维谢格拉德国家的学者和决策者提出了这一设想。有关中国和维谢格拉德国家合作的国际学术会议迄今为止已经举办了多次，其中一些会议是由维谢格拉德基金资

---

① 2014 年 9 月 3 日，在中国—中东欧国家高级别智库研讨会期间，笔者对斯洛伐克亚洲研究所某学者的采访笔录。

助的。① 在这些会议上，提议确立中国和维谢格拉德集团对话机制的学者不在少数，而维谢格拉德国家不少政府官员也力推"V4＋中国"对话模式。

在笔者接触的众多波兰、匈牙利官员中，多人提出了"V4＋中国"对话模式，他们认为，"V4＋某国/某区域"对话模式发展较快，也做得很成功。比如"V4＋西巴尔干国家"、"V4＋北欧国家＋波罗的海国家"对话等，而"V4＋瑞士"、"V4＋德国"、"V4＋法国"对话等都做得很不错，产生了不小的影响力。目前V4与亚洲不少国家及地区也展开了对话，比如"V4＋韩国"、"V4＋日本"、"V4＋台湾地区"等。他们也希望组建"V4＋中国"的对话模式，探讨一些互利共赢的合作领域。

---

① 如2014年3月10—12日，由斯洛伐克经济大学主持的项目"中国和维谢格拉德国家贸易和投资发展现状及前景"（Current Trends and Perspectives in Development of China – V4 Trade and Investment）国际会议在布拉迪斯拉发召开，该项目由维谢格拉德基金资助；2014年11月27日，由匈牙利科学院世界经济研究所主持的"中国对维谢格拉德国家的投资和金融支持：神话还是现实"（Chinese Investments and Financial Engagement in Visegrad Countries：Myth or Reality?）项目国际会议在匈牙利布达佩斯召开，该项目也得到维谢格拉德基金的支持。

（二）推进中欧关系全面均衡发展和中欧"互联互通"的维度

大多数中东欧国家对这一维度表示出积极支持的态度。它们认为发展同中国的关系是快速发展本国经济、尽快摆脱欧债危机影响的重要途径。诚如部分中东欧外交官所说，中东欧发展同中国关系，吸引中国投资，欧洲大国不应有何疑虑，因为这是符合中东欧国家根本利益的。① 斯洛文尼亚前总统丹尼洛·图尔克（Danilo Turk）认为，欧洲过去被人为割裂为东西两部分，中东欧地区需要额外的努力来寻求发展机遇以避免新的人为行为造成的东西差异。中东欧地区经济的加速发展将是整个欧洲大陆稳定的基石，因此应该得到所有欧洲国家包括欧盟的欢迎。欧盟扩大 10 年代表着一种积极的、历史性的变迁，中东欧国家经济发展得到增强，中东欧在科技、贸易和环境保护等领域按欧盟标准进行转型，这一转型迄今还远未结束，新老成员国的发展差距仍然很大。"16 + 1 合作"框架体现了对所有欧洲国家的具体关注。我们需要相关方特别理解处于弱势地位国家的具体

① 源自 2014 年 9 月 11 日在中国社会科学院欧洲研究所召开的中国—中东欧国家关系国际会议上，某中东欧国家驻华大使的发言。

需求。如果全面考虑到这种具体需求的话，所有各方都会从中受益。①

　　中东欧国家对于来自中方的互联互通倡议也持积极拥护态度。中东欧国家大多占据欧洲大陆重要的地理位置，它们是欧亚大陆区域带中交通线路最为密集的地区之一，在互联互通上会发挥较大作用。为了实现经济赶超，中东欧国家需要充分利用其地理优势与中国合作。②斯洛文尼亚前总统图尔克以本国作为具体例证指出，"斯洛文尼亚在地理位置上具有独特性，是一个沟通欧洲诸多区域的国家，互联互通是我们的主要目标以及价值所在。我们生活的时代已经证明，全球性的互联互通和相互依赖不仅成为事实，也是事关我们未来发展的大事"。③他说，斯洛文尼亚既是中欧国家，也是地中海国家，同时也是阿尔卑斯山区域和潘诺尼亚—多瑙河区域的一部分，是西巴尔干的近邻。斯洛文尼亚同时也是各种区域合作框架的成员，如欧盟多瑙河大区域（利用欧

---

　　① Keynote Speech of former President of the Republic of Slovenia, Dr. Danilo Turk, 2nd High Level Symposium of Think Tanks of the People's Republic of China and Central and Eastern European Countries, 2 and 3 September, 2014, Bled, Slovenia.

　　② Ibid. .

　　③ Ibid. .

盟资金推动共同项目建设），并正在争取亚德里亚和小亚细亚区域成员国的身份。互联互通是多区域合作的特点之一，也是"16+1合作"的主要特点之一，中东欧国家是比较适应和习惯这种合作方式的。① 塞尔维亚国际政治与经济研究所前所长、资深研究员布拉戈耶·巴比奇（Blagoje S. Babic）认为，中东欧国家擅长对外交往，它们彼此之间并不是主要的合作伙伴，而是依靠自身的"枢纽地位"来发展对外经济关系，并且均面向西欧市场。它们虽是欧盟的一部分，但融入欧盟的程度千差万别，部分国家融入程度并不高。中国在欧洲建设大型基础设施工程，使中东欧国家有机会被有机地融合在一起。这对它们来说是难得的机遇，因此会在欧洲东南部地区得到积极的响应。② 包括波兰、匈牙利、克罗地亚以及爱沙尼亚和拉脱维亚等大多数中东欧国家对中国的欧亚互联互通倡议表现出极大兴趣，期待在中方规划的互联互

---

① Keynote Speech of former President of the Republic of Slovenia, Dr. Danilo Turk, 2nd High Level Symposium of Think Tanks of the People's Republic of China and Central and Eastern European Countries, 2 and 3 September, 2014, Bled, Slovenia.

② 资料源自2015年4月27日由中国社会科学院欧洲研究所和塞尔维亚国际政治与经济研究所在贝尔格莱德举办的"国际格局变化背景下的中国和中东欧国家关系"国际学会会议笔录。

通方案中扮演重要角色。

值得关注的是，因应中国政府推动"16＋1合作"的倡议，中东欧国家政要积极倡导中东欧国家对华政策的"四位一体"模式。这一提法来自斯洛伐克副总理兼外交与欧洲事务部部长米洛斯拉夫·莱恰克（Miroslav Lajcak）。

莱恰克于2015年2月3日在中国社会科学院的演讲中，以多层次的视角为中东欧国家对华关系提出了一种"四位一体"模式：即中东欧国家在发展对华关系时，可以形成四个层次的外交布局（以斯洛伐克为例）：斯洛伐克与中国关系（双边关系维度），维谢格拉德集团框架下的对华关系（次区域关系维度），"16＋1合作"框架下的对华关系（区域关系维度），欧盟框架下的对华关系（整体的欧洲与中国关系维度）。莱恰克认为在每个维度上，斯洛伐克均能提供各具特色的政策工具，从而与中国发展成一种独具特色的关系，形成内容丰富的多个合作层次。在双边关系维度，斯洛伐克可以积极推进双方贸易和投资合作，截至2014年，斯洛伐克是中东欧国家中对华出口第一大国，也是顺差最大的国家，双边经贸和投资合作潜力很大。在维谢格拉德同中国的次区域合作层面，斯洛伐克可以利用一些维谢格拉德国家共同的政策工具来发展同中国的关系，比如维谢格拉德基金在推动双方人文交流上就可以发挥很大作用，双方也可以在 V4 感兴趣的问题如地区安全问题上加强交流。在"16＋1 合作"框架下，斯洛伐克也可以发挥引领作用，成为中国互联互通政策的重要抓手。而在中欧合作框架下，斯洛伐克同样在涉及中欧关系的重大问题上，如投资协定谈判、自贸区谈判等方面发挥积极作用。①

这种"四位一体"的模式强调了斯中双方在各个层次合作的特点和优势，双边关系是基点，次区域和区域合作是支撑，通过双边关系、次区域和区域合作夯实中欧合作的基础。从某种程度上讲，这种富有建设性的阐释也是对中方观点的积极回应。

然而这一维度仍存在不少问题，主要体现在下列几点：

一是欧盟对中国和中东欧合作的疑虑并未消除。尽管

---

① "Prospects of Closer EU – China Cooperation：A View from Central Europe"，Lecture presented by Deputy Prime Minister and Minister of Foreign & European Affairs of the Slovak Republic H. E. Miroslav Lajčák at the Chinese Academy of Social Sciences and Institute of European Studies in Beijing，China on February 3，2015.

中方一再宣称中国和中东欧国家合作是中欧合作的一部分，并且就有关问题与欧盟机构进行了沟通，但欧盟仍存在顾虑。诚如欧盟对外行动署负责中国事务的官员大卫·坤宁汉姆（David Cunningham）在公开场合所强调的，（1）对于欧盟来说，"16＋1合作"关键是要保持透明度，遵守欧盟的规则以及在中欧战略伙伴关系框架下和中欧2020日程框架下展开；（2）欧盟机构（对外行动署和欧盟委员会）应该作为观察员受邀参加"16＋1合作"的各种会议，包括中国—中东欧国家协调员会议；（3）乌克兰问题已经成为欧盟关注的核心问题之一，应该在下一届的中国—中东欧国家总理级会晤上得到讨论，欧盟希望得到中国的支持，让冲突不再升级，并劝说俄罗斯尊重乌克兰的领土和主权完整。[①] 这几点要求事实上强化了欧盟在"16＋1合作"各项重要议题上的重要指导作用，强调"16＋1合作"应该保持公开性、透明性和开放性，实际上说明了欧盟仍对"16＋1合作"心存担忧。

　　二是对"互联互通"的理解各方存在一定的差异。

---

① Remarks by George Cunningham, 2nd High Level Symposium of Think Tanks of the People's Republic of China and Central and Eastern European Countries, 2 and 3 September, 2014, Bled, Slovenia.

互联互通的倡议是国家主席习近平 2013 年 9 月在哈萨克斯坦纳扎尔巴耶夫大学发表演讲时明确提出的，在建设"丝绸之路经济带"中，需要加强"五通"（政策沟通、贸易畅通、道路联通、货币流通和民心相通），"五通"的每一个方面都包含具体的合作内容。但一些西欧智库和决策者对于互联互通的理解更多是基于一种空间概念，即在共同的空间状态下，人力、资本、商品、服务等的无限制、无障碍的流通，欧洲统一大市场的建设就是充分的体现。他们习惯从建设欧洲统一大市场的经验出发来理解中国的互联互通倡议。①

双方还对互联互通包含的内容理解不一样。部分西欧智库把人口流动、移民问题、有组织犯罪、社会排斥与社会融入等列入互联互通范畴内。欧方认同的互联互通甚至包括了市场准入、知识产权、人权等一系列问题。② 事实上，中方不提倡把互联互通内容泛化或者无限

---

① 西欧部分智库对互联互通的标准提出了很高的要求，具体源自 2014 年 7 月 22—23 日笔者参加 "Connectivity：Opportunity to Boost ASEM Co-operation"，ASEM Think-Tank Symposium 会议笔录。

② Veronica Musilova, EEAS Representative, Connectivity：Opportunity to Boost ASEM Cooperation, ASEM Think-Tank Symposium, 22 – 23 July 2014, Shanghai, China.

延展，应更多突出硬件建设和贸易促进。在这一点上，部分中东欧国家与中国具有较多的共同语言，包括捷克前副总理齐里尔·斯沃博达（Cyril Svoboda）在内的中东欧官员认为，互联互通只是个工具，不能将其赋予太多的民生重担。重要的是要从战略层面来理解互联互通，不要把民生因素过于突出出来。①

（三）推进"一带一路"在欧洲建设的维度

2014 年 12 月，李克强总理访问塞尔维亚时提出了一项中国和中东欧合作的标志性工程——"中欧陆海快线"。这一工程在欧洲知名度极高，引起欧洲政界和商界的广泛关注。不少中东欧智库和决策者认为，尽管存在诸如希腊政局变动等带来的风险，但发展潜力较大。

中东欧大多数国家也较为积极支持中国的"一带一路"倡议。某中东欧智库认为，"中欧陆海快线"将有力提升沿线各国互联互通，加速实现人员、商品、企业、资金、技术交流，拉动沿线国家的经济发展，并且有助

---

① Comments from former Deputy Prime Minister Cyril Svoboda, Connectivity: Opportunity to Boost ASEM Cooperation, ASEM Think-Tank Symposium, 22 – 23 July 2014, Shanghai, China.

于深化中国同沿线国家的互利合作。尤其是对中欧关系发展，其价值不容低估：一方面，通过完善"中欧陆海快线"建设，中欧双方将从这一便捷和高效的运输网中获得更多、更便宜的产品；另一方面，中国与中东欧合作的匈塞铁路建设，正是欧盟泛欧交通运输走廊重点项目，是欧盟推动整个欧洲东西向和南北向互联互通的十大项目工程之一。它不但对欧盟具有战略意义，也对匈牙利和塞尔维亚两国交通运输和商业网络融入欧洲具有战略意义。① 因此，这一项目是中欧之间可以互相借力和双赢的项目，有利于推动中欧务实合作。

正是基于"中欧陆海快线"所带来的巨大吸引力，中东欧国家纷纷提出各自的倡议，希望能从中分享合作成果。克罗地亚官员认为，"中欧陆海快线"的中转港口设在克罗地亚的里耶卡，成本会更低，不一定全部放在希腊比雷埃夫斯港。目前有三个港口在竞争"中欧陆海快线"的中转运输支点，它们分别是斯洛文尼亚的科帕尔港，克罗地亚的里耶卡港，意大利的的里亚斯特港。

---

① Dragan Pavlićević, Dragon on the Doorstep: The Challenges and Opportunities of China's Engagement of CEE, Policy Papers from Eastern Asian Center of Nottingham University of UK, 2013.

总的来说，希腊的比雷埃夫斯港得到充分利用，匈塞铁路也得到升级利用的机会。而从里耶卡到萨格勒布的铁路也很希望得到升级，增加运力，但得不到来自中国的支持。克方希望中国的"一带一路"倡议能够把里耶卡港纳入建设范围。①

中国—中东欧国家"丝绸之路经济带"陆上通道建设也得到中东欧国家的积极支持，比如从四川成都到波兰罗兹的蓉欧快铁即得到波兰方面的积极支持和推动。目前，波兰方面已经把蓉欧快铁列为中波地方合作最具标志性的成果之一，力推双方展开更多深入和务实的合作。罗兹和中国四川等省份开展的地方合作进展顺利，目前已经连续三年举行了地方合作会议，产生了广泛影响。2015 年 6 月 28—29 日在波兰罗兹召开的中国波兰地方合作论坛，即把"丝绸之路经济带"建设列为会议最重要的议题，多个与"一带一路"倡议有关联的中国地方政府代表参加了此次会议。"一带一路"背景下的地方合作已经成为中国和中东欧国家合作的新亮点。2015年 6 月波兰外交部部长访问中国时，波兰货运公司和郑

---

① 资料源自 2014 年 12 月 16 日与克罗地亚驻华使馆某官员的会谈交流笔录。

州合作伙伴签署协议，在波兰、白俄罗斯边境开货运中心和物流中心，以加强对中国的出口。波方认为，多个从中国西部省份出发通往欧洲的货运班列均经过中东欧国家，尤其是波兰，波兰要抓住这一历史机遇，寻求更大的合作收益。①

　　下面就笔者访问的几个国家对"一带一路"倡议的回应做一描述。需要说明的是，笔者调研多个中东欧国家，一些国家虽有回应，但据笔者掌握的具体材料，尚需进一步明确和论证，期待在以后的成果中予以进一步明确分析和说明。

　　波兰对于参加"一带一路"倡议就列出了下列几个目标：（1）扩大中波经贸合作。中波现在贸易不平衡，中国对波兰顺差大，波兰希望扩大对中国的出口。波方高度关注双方的贸易产品结构，其特色农产品在欧洲很有名，如苹果、猪肉等；波兰是世界第一苹果出口大国，因受俄罗斯农产品禁运影响，大量滞销，希望能够打通出口到中国的通道。猪肉也是波兰主要的出口农产

---

① 观点来自波兰基础设施与发展部副部长斯瓦沃米卡·扎沃布卡（Slawomir Zalobka）于2015年6月29日中波地方合作论坛第二论坛"丝绸之路经济带——中东欧国家和地区如何从中受益"中的发言（据笔者现场笔录）。

品之一（五大出口产品之一），但中国对波兰出口猪肉禁运（因非洲猪瘟），波方希望能够在合适时机解除禁运，扩大对中国的出口。总的来说，波方希望改变出口到中国的产品的结构，如中国目前需要的环保设备、污染处理设备，波兰在这些方面有一定的优势。除了现代化技术，一些传统商品如家具，波兰也具有一定的设计和生产能力，据统计其家具出口量位居世界第四，2014年出口额达到100亿美元。波兰塑料窗户受到欧洲市场欢迎，波方希望也能出口到中国市场。目前，中国主要从波兰进口矿石等能源产品，但波方认为这些不是它们的强项。（2）希望中国多投资波兰。中国在中东欧开经济特区，波兰有自己的经济特区，希望中国能到波兰经济特区来经营。（3）利用好货运班列。目前中波开通的苏州到华沙、罗兹到成都的货运班列，都是地方合作的典范，中国和波兰要利用好这些运输通道，扩大双边贸易。

关于"一带一路"在欧洲的建设，罗马尼亚智库提出的罗马尼亚—德国—中国"多瑙河计划"方案。该方案建议把罗马尼亚已经私有化的加拉茨（Galati）港作为海陆运输的枢纽，打造中国—德国—罗马尼亚海陆运输走廊。① 罗马尼亚阿斯潘研究所研究员西普里安·斯坦尼斯库（Ciprian Stanescu）强调，罗马尼亚优越的地理位置决定了它本应该从中欧巨大的贸易流中获益，遗憾的是，这些贸易流往往绕过罗马尼亚，使得它的地理位置优势发挥不了作用。现在政府的主要目标就是要借"一带一路"倡议，寻找新的基础设施建设方案，发挥罗马尼业在中欧贸易中的支点作用。②

拉脱维亚的主要诉求是让里加港扮演"16＋1合作"和"一带一路"倡议物流中心的角色。该国外交部官员坚信里加港能够扮演好这个角色。目前，拉脱维亚正在向中国政府积极申请承办"16＋1合作物流协调中心"的任务。拉脱维亚官方认为，现有几大"16＋1合作物流协调中心"均发挥了积极作用，他们也有信心做好"16＋1合作"框架下的物流协调工作。里加港有丰富的物流协调经验，而且建立此协调中心不涉及重大的投资

---

① EURISC Foundation, German-China-Romania: A Project Proposal for the EU Danube Strategy, 2nd High Level Symposium of Think Tanks of the People's Republic of China and Central and Eastern European Countries, 2 and 3 September, 2014, Bled, Slovenia. 2015 年 9 月 4 日，笔者拜访罗马尼亚国务秘书、总理顾问 Costin Mihalache，他再次向笔者推销这一计划。

② 2015 年 9 月 3 日，笔者拜会 Ciprian Stanescu，与其交流笔录。

问题，因为它只是一个制度化框架建设，是一个软性的、规划性的和系统构建的机构，投资小，但价值大。①

拉脱维亚官方也注意到包括克罗地亚、斯洛文尼亚、立陶宛等在内的多个国家也在竞争"16＋1 合作物流协调中心"承办国地位。在这一点上，拉官方说，拉脱维亚里加的优势比较明显，拉脱维亚不想同其他中东欧国家竞争，拉将向中国政府和中东欧 15 国表明，它将秉承互利共赢的原则，做好市场潜力的分配。另外，拉脱维亚也无意去竞争汉堡港在中欧合作中的优势地位，拉只想做好区域物流协调中心的角色。② 此外，拉脱维亚也积极推动波罗的海国家和中国在航空领域展开合作。

立陶宛议会代表认为，立陶宛地理位置在欧洲比较重要，可以在"一带一路"倡议中发挥作用。目前，立陶宛基础设施比较老旧，需要升级换代。不少去过中国的立陶宛政客羡慕中国基础设施建设和高铁技术的发展，

---

① 资料来源于 2015 年 8 月 16—18 日，笔者走访拉脱维亚，对"16＋1 合作"和"一带一路"倡议情况进行的调研。

② 2015 年 8 月 16—18 日，笔者走访拉脱维亚，对"16＋1 合作"和"一带一路"倡议情况进行调研。调研对象包括，拉脱维亚国际事务研究所所长助理 Diana Potjomkina 以及研究人员 Ilvija Bruge；拉脱维亚外交部负责亚洲和大洋洲事务的官员 Eglis Dzelme；拉脱维亚科学院院长 Ojars Sparitishe 以及社会科学学部主席 Raita 等；里加大学社会科学学院政治科学与国际关系研究所所长 Iveta Reinholde 和波罗的海安全问题研究知名学者 Toms Rostoks。

希望能够引进中国的技术和获得中国的投资。立陶宛现在比较关注的是欧盟委员会计划修建的赫尔辛基—布鲁塞尔（经华沙、柏林）线路，这条线路穿过波罗的海，投资额约 10 亿欧元，这对立陶宛来说是重大的投资，有很好的发展前景。它不但解决了立陶宛与欧洲重要国家的互联互通问题，而且将白俄罗斯、格鲁吉亚等连接起来，扩大了运输潜力。他们希望中国和欧盟能在这个项目上加强投资合作。立陶宛现在有一个"Saule（Sun）计划"，有一条连通到中国的铁路线，即从中国西部省份到克莱佩达港（Klaipeda），立政府希望这条铁路线能够得到更新。拉脱维亚里加港当然是波罗的海最大的港口，但立陶宛的港口也有优势，而且立陶宛正在加速推进建设通向欧盟的铁路基础设施，这对中国投资者会有吸引力。①

立陶宛特色产品对中国的出口有着较好的发展潜力，主要是食品，比如肉、鱼、奶酪、牛奶等农产品，目前双方已经开始商谈牛奶和肉出口中国的计划。立方希望通过基础设施的互联互通，能够推动上述产品的出口，推进中

---

① 2015 年 8 月 14 日，笔者走访了立陶宛议会，与议会财政和预算委员会主席 Kestutis Glaveckas 交流笔录。

立经贸合作。立方认为"一带一路"倡议目的之一是促进人文相通，在这一点上，中立之间还有很多工作要做。来立从事文化交流的中方人员不多，中国游客也很少。立方想借"一带一路"项目做好旅游推广工作。立陶宛疗养技术和条件不错，该国有很好的医药学基础，有多个著名的旅游和疗养城市，水质量好、空气清洁，适合旅游和疗养。欧盟多个成员国和俄罗斯、白俄罗斯游客经常到此疗养。立方欢迎中国游客也来该国休闲和旅游。①

此外，匈牙利、塞尔维亚和马其顿就推进中国—中东欧国家基础设施建设合作展开了实质性活动；匈牙利对推进中国—中东欧旅游合作开发也不遗余力；捷克在中国—中东欧高新技术产品合作开发、地方领导人会晤等方面有着明确的合作倡议；斯洛伐克对中国和中东欧国家在机动车产品进出口等方面有着较为明确的合作愿望；斯洛文尼亚对推动中国—中东欧国家旅游、林业、智库合作等表现出较为积极的态度；保加利亚则在积极推动中国—中东欧国家在农业合作领域取得进展等。

---

① 2015 年 8 月 13—16 日，笔者走访立陶宛决策机构及部分知名智库，与立陶宛议会财政和预算委员会主席 Kestutis Glaveckas、立陶宛东欧研究中心（立陶宛外交部与维尔纽斯大学合办）主任 Laurynas Kasciunas 交流笔录。

　　欧盟的反馈从最初的不明朗到现在努力提出各种合作动议，态度转向积极。"一带一路"倡议推出之初，欧盟机构未针对"一带一路"倡议如何与中国展开合作做出表态。其中的原因较为复杂，从技术角度讲，中国的"一带一路"倡议出台较晚，欧盟各机构对中国的政策处在了解过程中，要在欧盟层面形成决策尚需要时间。

　　随着双方交往的深入，有关中方的互联互通倡议和泛欧交通网络计划进行对接的提法开始出现，如中国和欧盟在西巴尔干地区基础设施建设上加强合作。同时，容克投资计划与"一带一路"倡议实现对接合作等也陆续被提出。值得注意的是，双方在西巴尔干地区的基础设施建设合作经历了一个发展阶段，欧盟一开始对中国在西巴尔干的投资表现出警惕的态度，但随着合作的展开，欧盟主动寻求与中方商谈，在西巴尔干的基础设施建设领域展开合作，既希望双方合作互相借力，也希望中方的基建方案能在欧盟基建框架下执行。需要强调的是，这种合作具有试探性，欧盟防备心态依然存在。

　　2015 年 5 月，欧盟委员会主席容克接受新华网专访时表示，欧洲的投资计划（指容克投资计划）与中国的"一带一路"倡议互相融合没有重大的障碍，"我们双方应保持透明度并开展合作，我们可以努力确保双方的合作无论在宏观层面还是在技术层面都能对接"。① 2015 年 5 月 12 日，欧盟委员会流动和交通事务（Mobility and Transport）官员马查多（Joao Aguiar Machado）率代表团访问中国社会科学院欧洲研究所，就中国"一带一路"建设与欧盟基础设施建设合作可行性进行交流时也表明了类似的观点，希望双方通力合作，在基础设施互联互通平台建设、金融合作、规则对接等方面进行积极探索，推动容克投资计划与"一带一路"倡议的对接。②

2015 年 6 月 29 日召开的第 17 次中欧峰会标志着双方在上述提到的重要问题领域达成了进一步的共识。李克强总理在中欧工商峰会上演讲强调，中方愿与欧洲投资计划对接，在基础设施共建上有所突破。他说，我们支持实力强、有信誉的中方企业参与泛欧交通网络、"中欧陆海快线"、新亚欧大陆桥等基础设施项目，也欢迎欧方企业积极参与"一带一路"建设。中国与中东欧国家开展的互联互通合作项目，完全可以纳入中欧基础设施合作的大框

---

① http：//news. xinhuanet. com/english/2015 – 05/07/c_ 134218780. htm.

② 2015 年 5 月 12 日，欧盟委员会流动和交通事务总司代表团与欧洲研究所交流笔录。

架，不仅有利于中东欧加快发展，实现欧洲东中西部地区平衡发展，也必将有力促进欧洲一体化进程。他还进一步明确双方合作的方向，即中方将积极考虑建立中欧共同投资基金，助力欧洲战略投资基金，还将扩大购买欧洲投资银行债券，充分发挥泛欧投资合作平台、中东欧投融资框架、亚洲基础设施投资银行等金融安排的功能，并通过丝路基金拓展与欧洲在高新技术、基础设施和金融部门等领域的合作。① 在 2015 年 9 月 1 日斯洛文尼亚布莱德战略论坛上，笔者就此问题也与欧盟交通总司司长比奥莱塔·布尔克（Violeta Bulc）进行交流，她表示欧盟对包括西巴尔干在内的互联互通项目持开放态度，加大吸引外资的力度，欧盟委员会同时也高度关注中方的"一带一路"倡议，期待双方在项目合作上找到更多的共同点，共同推动亚欧大陆的繁荣与稳定。②

2015 年 11 月 24—25 日召开的苏州峰会，使得中东欧国家又看到"16 + 1 合作"的动力和希望。中国政府

---

① 2015 年 6 月 29 日，李克强总理在中欧工商峰会上的演讲《携手开创中欧关系新局面》，http：//www. mfa. gov. cn/mfa_ chn/zyxw_ 602251/t1277064. shtml。

② 2015 年 9 月 1 日，笔者参加布莱德战略论坛，就 8 月底召开的西巴尔干峰会问题与交通总司司长交流笔录。

在 17 国发展战略全面对接、基础设施建设合作、产能合作、融资合作、人文交流等方面提出新的合作举措，打造了合作的新愿景，引发了中东欧国家积极的反响。

与此同时，中东欧国家和欧盟机构对中国"一带一路"倡议的回应同样存在一定的问题。

首先是欧盟的疑虑仍然存在，并不断对中方相关工程施加规则限制。

欧盟对外行动署负责中国事务的官员艾利斯·马修（Ellis Mathrew）强调："一带一路"现有工程，尤其是"中欧陆海快线"建设相关标准应符合欧盟要求，需要得到欧盟的审查和监督。① 同样来自该机构的官员库宁汉姆也坚持认为，对于中国的"丝绸之路经济带"建设，应该有效地与欧盟泛欧交通运输网络相衔接，欧盟可以在此基础上与中方商谈开展合作的可能性。② 而一些欧洲大国如德国则担心，中国在中东欧搞基础设施建设工程，会对欧盟现有规则造成挑战，主要包括竞争政策、环境政策、劳工政策等，欧盟担心中国可能会绕开欧盟的规

---

① 2014 年 1 月 21 日会晤对外行动署某官员并与其进行交流。

② Remarks by George Cunningham, 2nd High Level Symposium of Think Tanks of the People's Republic of China and Central and Eastern European Countries, 2 and 3 September, 2014, Bled, Slovenia.

定而另搞一套。欧盟坚持其泛欧交通网络规划在推进中东欧基础设施建设中的主导作用，密切关注来自中国的倡议和举动可能对欧盟既有安排的不利影响。德国对中国大规模投资中东欧表现出极大的关注，尤其是在"中欧陆海快线"中对比港的投资，表现出极大的关心，担心会影响到德国港口汉堡港的货运流，进而影响到其重要经济利益。① 中方积极寻求将中国—中东欧基础设施建设纳入中欧合作框架和平台下，针对欧盟做好"16 + 1 合作"的增信释疑工作，但这项工作仍需要时间。

其次是中东欧国家和欧盟机构对"一带一路"倡议的具体内容和精神缺乏深入了解。

无论中东欧国家还是欧盟机构，对于"一带一路"建设还是表现出一定的迷惑态度。诚如斯洛伐克某外交官所说，我们支持中国的"一带一路"建设，欢迎中国把斯洛伐克纳入"一带一路"框架下，但我们迄今为止不知道该如何迎接这种合作，中方的具体规划是什么，斯洛伐克和中国何时才能启动这种合作。② 同样，笔者

---

① 刘作奎：《警惕"一带一路"的投资风险——希腊政局变化对"一带一路"在欧洲布局的影响》，《当代世界》2015 年第 4 期。

② 2015 年 6 月 3 日，笔者拜会斯洛伐克驻华使馆某官员，对方如是评论。

在与波罗的海国家官员交流时，他们也表达了同样的疑惑。某波罗的海国家官员询问，习近平主席的"丝绸之路经济带"倡议提及波罗的海国家，波罗的海包含的国家很多，具体是指哪些国家，而且，我们迄今为止也未看到中方有什么具体规划在该区域铺开。[①] 拉脱维亚官方则认为，"一带一路"倡议事实上看不出来有何地缘政治目的，应该主要集中在经贸合作上。但这个倡议还应该更具体一些，迄今为止只能参考中国政府发布的行动和立场文件，比较宽泛，此外，他们获取信息的渠道只能是媒体文章，但这些文章多流于形式，并无太多实质性的指导价值。[②] 在笔者走访中东欧诸国时，这一问题具有普遍性，中东欧国家普遍不知道"一带一路"具体规划的项目有哪些，怎么去执行。比如，多个波兰政府官员和学者认为，波兰是"一带一路"倡议中中国进入欧洲的大门，但是迄今为止，波兰似乎没有发挥应有的作用，波兰对于"一带一路"倡议到底是什么还不清楚，怎么参与也不知道。波兰官员认为中国在宣传的时候，

---

① 2015 年 6 月 11 日，笔者拜会爱沙尼亚驻华使馆与其官员交流笔录。

② 资料来源于 2015 年 8 月 16—18 日，笔者走访拉脱维亚，对"16 + 1 合作"和"一带一路"倡议情况进行的调研。

应该先说明它是什么，然后说明它主要是要干什么，这样才能更好理解。[①] 2015 年 5 月 12 日，欧盟委员会流动和交通事务官员马查多与中国社会科学院欧洲研究所学者交流时也强调，在涉及基础设施建设领域，欧盟有详细的基建方案，比较透明，但中国的"一带一路"倡议在欧洲的全面规划方案到底是什么，具体工程有哪些，到现在为止欧盟也没看到，也没有途径找到相关具体规划。欧盟不知道怎么寻找合作点，投资什么工程会有潜力。[②]

最后是中东欧国家比较担心安全风险问题。

多个中东欧国家智库认为，投资中东欧地区基建领域存在很多风险，中国作为域外国家，有能力推进中东欧区域的互联互通吗？比如，塞尔维亚某智库观察到中国积极推进在西巴尔干地区的互联互通，这一做法深受西巴尔干国家的欢迎，但西巴尔干是一个独特的区域，综合风险较高。如这里自然条件有时候比较恶劣，雨季时而爆发大洪水，冲毁交通基础设施的情况屡见不鲜，

[①] 资料来源于 2015 年 7 月 7 日波兰国际事务研究所与中国商务部代表团交流笔录。

[②] 2015 年 5 月 12 日，欧盟委员会流动和交通事务总司代表团与欧洲研究所交流笔录。

一些西巴尔干国家甚至因为持续的洪涝灾害拉低了 GDP 增长率。西巴尔干地区的民族纷争虽然基本结束，但遗留影响仍在，民族、宗教纷争在一些区域仍有死灰复燃的可能性。同时，活跃在西巴尔干地区的宗教极端主义势力和恐怖主义分子也会对互联互通造成干扰。有研究表明，激进的伊斯兰主义者利用前南冲突（1991—1995）在巴尔干地区（波斯尼亚和黑塞哥维纳以及阿尔巴尼亚）招募了大量逊尼派穆斯林。信奉瓦哈比教派的伊斯兰信徒不仅为基地组织招募成员，同时还传播恐怖主义言论，试图设立"巴尔干哈里发"（Balkan Caliphate）。巴尔干地区之外的国家对此并不关心，甚至默许，导致其活动猖獗。激进的伊斯兰运动不仅威胁到塞尔维亚、马其顿、黑山、波斯尼亚和黑塞哥维纳的安全，同时也威胁到了整个欧洲。① 此外，西巴尔干国家劳动力素质虽然较高，但有时工作作风懒散、效率低下，也是中国企业必须面临的问题，而且该地区国家广泛存在腐败和组织犯罪问题。仅就"中欧陆海快线"建设来说，就综合了各种风险，如中国公司对希腊的比港经营权因该

① 2015 年 4 月 28 日，访问贝尔格莱德大学安全研究院，与佐兰·德拉季西奇（Zoran Dragisic）交流笔录。

国政局变动和持续发酵的债务危机而受到冲击，匈塞铁路因欧盟规则限制难以顺利推进，马其顿则更是发生了国内骚乱，直接影响到政局稳定。

第二章　欧洲精英对"一带一路"倡议的看法

——基于问卷调查的分析

一　问卷调查的基本情况

本次问卷调查执行时间是从 2015 年 6 月至 9 月，问卷主要来源于欧洲国家（主要是欧盟及其成员国和候选国）官员、智库、企业家和媒体记者。

有几次重要的问卷收集工作对本次调查贡献较大，也感谢相关人士提供的积极帮助。中国国际问题研究院在 2015 年 7 月欧洲国家外交官研讨班上向近 30 名外交官发放并收集了问卷，该院欧洲所所长崔洪建研究员给予了较大帮助；中国社会科学院欧洲研究所于 2015 年 8

月举办了中东欧国家总统、总理顾问班，研究所工作人员向这些高级官员发放并回收了问卷；华为东北欧技术支持中心主任张曦波帮助课题组从东北欧企业家那里回收多份调查问卷；波兰外国信息和投资局主任俞洋从波兰政府回收多份宝贵问卷。此外，笔者借参加几次重大国际会议，如 2015 年 7 月底的克罗地亚论坛、8 月底的布莱德战略论坛等机会发放并回收了珍贵的问卷。6—9月借走访中东欧数国的外交部、总统府、总理府、议会和智库机构的机会，笔者也获得了有价值的答卷。在北欧从事访学的中央编译局刘敏茹女士等也对调研给予了较大帮助。

本次调查是国内乃至国际上首次就中欧在"一带一路"倡议背景下展开合作的专题性、权威性问卷调查。调查开展前，课题组集合相关专家意见，系统整理出相关重要问题 70 多个，将它们囊括进问卷调查当中，并科学设置问题和选项，以期达到最佳的调研效果。**本次调研是精英问卷调查，调查对象包括决策者、企业家、媒体人士和智库学者等专业人士，他们反馈的结果是弥足珍贵的。**这些精英人士来源广泛，基本包括了欧盟大多数国家，中东欧国家占据相对高的比例。本次调研累计回收问卷 142 份，剔除问题问卷后，累计有效问卷 110 份。问卷收集整理完毕后，经过编码，录入中国社会科学院统计软件（SPSS），形成专题数据库，并在此基础上进行了分析。

需要说明的是，**问卷调查本身对被调研人群提出了较高的要求，他们不但是精英人士，而且对中国的"一带一路"倡议有一定的研究和理解。在双重要求下，问卷调研所能锁定的对象范围大幅度减小，因此导致问卷无法达到更多。**

下面笔者就调研的相关情况做一说明：

性别情况

项目	人数	百分比
男性	68	61.8%
女性	42	38.2%

从性别构成上看，男性稍多，达到 61.8%，女性偏弱，达到 38.2%。

年龄构成

项目	人数	百分比
30 岁以下	24	21.8%
30—40 岁	62	56.4%
40—50 岁	15	13.6%
50—60 岁	4	3.6%
60 岁以上	5	4.5%

从年龄构成上看，30—40 岁的比例达到 56.4%，占据一半以上，其次是 30 岁以下的人群，比例为 21.8%，他们主要是企业家，40—50 岁比例达到 13.6%。总的来说，调研对象相对比较年轻。

国别构成

项目	人数	百分比
阿尔巴尼亚	1	0.9%
波黑	1	0.9%
保加利亚	7	6.4%
克罗地亚	1	0.9%
塞浦路斯	1	0.9%
捷克	7	6.4%
爱沙尼亚	2	1.8%
法国	3	2.7%
德国	5	4.5%
荷兰	3	2.7%
匈牙利	6	5.5%
意大利	1	0.9%

续表

项目	人数	百分比
拉脱维亚	1	0.9%
立陶宛	1	0.9%
马其顿	4	3.6%
马耳他	1	0.9%
黑山	1	0.9%
波兰	29	26.4%
罗马尼亚	14	12.7%
塞尔维亚	7	6.4%
斯洛伐克	5	4.5%
斯洛文尼亚	2	1.8%
西班牙	1	0.9%
瑞典	4	3.6%
英国	2	1.8%

从调研对象国家来看，总共涉及 25 国，基本涵盖了欧盟主要成员国和候选国。在被调研的国家中，波兰人数最多，达到 29 人，其次是罗马尼亚，为 14 人，其他国家人数相对平均。调查国别较为广泛且有代表性。

职业构成

项目	人数	百分比
政府官员	39	35.5%
全职研究人员	26	23.6%
新闻记者	1	0.9%
大学教师	16	14.5%
其他	28	25.5%

　　从调研对象的职业构成看，政府官员占据的比例最高（达到 35.5%），其次是研究人员（为 23.6%）、其他人群（主要是企业家，为 25.5%）和大学教师（为 14.5%）。决策者占据最高的比例，提高了本项问卷调查的含金量，使得调研统计结果具有重要的决策参考价值。

二　欧洲精英对"一带一路"倡议的基本看法

　　从欧洲精英对"一带一路"倡议的几个基本问题，包括根本目的、具体特点、需要解决的问题三个方面考察，可以发现：

　　欧洲精英对中国"一带一路"战略构想的根本目的认识是比较准确和客观的，即主要是"推动与沿线国家的经贸与投资合作"以及"与相关国家的互联互通"，这很大程度上说明了，尽管欧洲媒体一再批评"一带一路"倡议内容不够明确，实际上，他们还是了解这一倡议的基本精神的。

　　同时，"一带一路"倡议的正面和积极意义得到更多欧洲精英的肯定和支持，但欧洲精英对于"一带一路"

倡议出台的国内动因认识不足或不充分，多数精英把"一带一路"倡议看成是外向型的、单纯的外交政策动议。

也应看到，部分欧洲精英对"一带一路"倡议所要解决的问题抱有不切实际的期望，把解决区域冲突和反恐等重要全球性问题也列入"一带一路"倡议需要解决的问题范畴。

下面笔者就上述结论做一细致的分析：

1. 中国提出"一带一路"战略构想的根本目的是什么

内容	人数	百分比
推进与"一带一路"倡议沿线国家的经贸与投资合作	84	76.4%
推动与"一带一路"倡议沿线国家的互联互通	79	71.8%
加快中国在全球的能源、资源为导向的战略布局	45	40.9%
推动中国优势装备走出去	38	34.5%
加快中国过剩产能的转移	30	27.3%
意图未明	8	7.3%
其他	11	10.0%

从调研的实际情况看，绝大多数被调查的精英认为，中国"一带一路"战略构想的根本目的是清楚的、明确的，即认为"推进与'一带一路'倡议沿线国家的经贸与投资合作"占了绝大多数（76.4%），而认为"推动

与'一带一路'倡议沿线国家的互联互通"同样占据了
较高的比例（71.8%）。这也与我们所坚持和倡导的合
作大方向比较一致，即互联互通和经贸合作。虽然，部
分精英也认为"加快中国在全球的能源、资源为导向的
战略布局"（40.9%）和"推动中国优势装备走出去"
（34.5%）是"一带一路"战略的根本目的，这样的观
点也占据了一定的比例，但显然与前两项有明显的差距。
尽管欧洲不少媒体认为"一带一路"倡议目标不够明
确，但在此次调研中，认为"一带一路"倡议"意图未
明"的只占极小比例（7.3%），此举表明了欧洲精英对
中方倡议有基本明确和客观的认识。

2. "一带一路"战略倡议具有哪些特点

内容	人数	百分比
中方占主导地位的一项战略规划	56	50.9%
中方主动提出的，秉承共商、共建、共享原则的一项战略规划	46	41.8%
是中国推行全球治理新模式的一次积极探索	26	23.6%
中国主动、积极承担全球合作与发展国际责任的一种体现	50	45.5%
中国在新形势下深化改革和扩大开放的实际需要	31	28.2%
中国试图向亚欧地区扩展影响力，寻求区域霸权的一项战略	30	27.3%
中国对美国的亚太再平衡战略的一项应对举措	24	21.8%
其他	6	5.5%

　　从调研情况看，欧洲精英对这个问题的看法相对分散，但也达成了一些基本的共识，具体体现在三个选项上，即"一带一路"战略倡议是"中方占主导地位的一项战略规划"（50.9%）、"中国主动、积极承担全球合作与发展国际责任的一种体现"（45.5%）和"中方主动提出的，秉承共商、共建、共享原则的一项战略规划"（41.8%）。这些观点和态度基本上比较积极和正面，也表明了中国"一带一路"倡议的积极和正面意义已经得到了欧洲精英的认同。

　　为了全面考察精英对"一带一路"倡议特征的认识，课题特意设计了一些"中立"甚至偏"负面"的选项，有27.3%的精英认为"中国试图向欧亚地区扩展影响力，寻求区域霸权"，另有24%的精英认为它是"中国对美国的亚太再平衡战略的一项应对举措"，这说明对于"一带一路"倡议也有一定数量的精英持相对负面的评价。而选项"中国在新形势下深化改革和扩大开放的实际需要"实际上是"一带一路"倡议出台的最为重要的背景之一，但精英们似乎对此并无充分的认识，只有28.2%的人选择这一观点。多数精英实际上还是把"一带一路"倡议看成是一种外向型、针对第三国的战略规划，而没有对中国国内形势和"内生需求"所催生的这项战略有明确的认识。

3. "一带一路"行经的国家面临诸多复杂问题，哪些问题是中国"一带一路"建设实施过程中会积极解决的问题

内容	人数	百分比
非法移民问题	16	14.5%
反恐问题	31	28.2%
区域冲突问题	55	50.0%
打破区域之间的贸易和投资规则壁垒	78	70.9%
提升区域间互联互通的效率、水平和规模	81	73.6%
推动能源运输效率和提升能源安全	33	30.0%
其他	13	11.8%

"一带一路"沿线包括多个国家，面临复杂的地区形势。然而，"一带一路"建设并不是一项包罗万象的计划，并不是要解决一些迄今为止仍难以解决的问题，它在本质上是一个区域合作倡议和经济合作方案。但自该倡议公布以来，很多国家对其抱有多重希望，已经远超"一带一路"倡议所能负载的内容。从欧洲精英的反馈看，其对"一带一路"倡议要解决的

问题既有正确理解的部分，也有相当程度误解的内容。

其中73.6%的人认为"一带一路"倡议主要是"提升区域间互联互通的效率、水平和规模"，其次是"打破区域之间的贸易和投资规则壁垒"（70.9%），这两种认识基本上与中方所秉承的想法一致。但高达50%的精英认为"一带一路"倡议会积极解决"区域冲突问题"，另有28.2%的人认为是要积极介入"反恐问题"，其实这可能是"一带一路"倡议会积极面对的问题，但很难说该项倡议有能力解决上述两个问题。

三　"一带一路"建设需要什么样的合作机制来支撑

精英们均认为中欧双方合作的机制需要多元一体，广开渠道，而不是只依赖一种或两种合作机制，但精英们对中欧之间的各种正式合作机制比较依赖和重视，对于非正式、具有业务交流性质的会议和非正式会晤事实上并不重视。涵盖面积广、涵盖国家较多的亚欧会议并未得到精英们的重视。

　　欧洲精英虽然认为中欧在互联互通上"有必要"建立专门的协调机制，但实际上对于这一机制能否最终建立并发挥作用抱有并不乐观的态度。有关中欧双方的金融合作，精英们对中国的金融机构寄予相对高的期望，对来自欧洲的金融机构期望值偏低，对基础设施建设合作发挥重要作用的多边金融机构如世界银行、亚洲开发银行的角色明显看淡。

　　下面笔者就上述结论做进一步分析和阐述：

　　1. "一带一路"建设在政策沟通方面中欧之间适合选择什么样的对话交流机制

内容	人数	百分比
中欧关系框架下的合作机制	52	47.3%
中国和欧洲各国所确立的战略合作机制	42	38.2%
中国和欧洲国家之间的区域合作机制如中国和中东欧合作框架	47	42.7%
政府间合作论坛如亚欧会议	31	28.2%
各种性质的专业性合作论坛	46	41.8%
非正式会晤	22	20.0%
重大国际会议场合的会下交流	11	10.0%
为"一带一路"设计一个新的专门的合作交流机制	25	22.7%
其他	16	14.5%

要建设好"一带一路",必须与相关各方合作,做好政策和机制的协调,这是"一带一路"倡议能否顺利实施的制度保障。关于这一点,欧洲精英的反馈颇为多元。

有47.3%的人选择"中欧关系框架下的合作机制",42.7%的人选择"中国和欧洲国家之间的区域合作机制如中国和中东欧合作框架",41.8%的人选择"各种性质的专业性合作论坛",38.2%的人选择"中国和欧洲各国所确立的战略合作机制"。从上述选择看,精英们均认为双方合作的机制需要多元一体,广开渠道,而不是只依赖一种合作机制;其次,对中欧之间的各种正式合作机制比较依赖和重视,但对于非正式、具有业务交流性质的会议和非正式会晤事实上并不重视。涵盖面积广、包括国家较多的亚欧会议并未得到精英们的重视,可能是各方认为亚欧会议只是个"清谈馆"并无实际决策推动能力。

然而,"一带一路"倡议事实上并非只倚重上述提到的大部分合作机制或会晤,概因其牵涉面广、工程复杂、涉及利益群体较多,政府间的正式合作机制并不能完全解决所有问题。此外,"一带一路"倡议也不是中国一方强制推行自身的政策与理念，而是以共商和共建原则为依托，因此像亚欧会议这样的机制反而能够发挥不小的作用。

迄今为止，尚未有一个平台或机制能够容纳"一带一路"倡议包含的所有亚欧国家，这些机制基本是双边或多边的地区合作机制，如上海合作组织针对的是中国和中亚及俄罗斯的合作，"16＋1合作"针对的是中国和16个中东欧地区国家，中欧相关的合作机制也只针对的是中国和欧盟及其成员国。"一带一路"战略构想横跨亚洲和欧洲，需要一个更具广泛性和包容性的机制来参与协调工作。尤其需要强调的是，亚欧会议扩大至俄罗斯等欧亚地区后，随着中亚国家也表达参与的意愿，亚欧会议实现了从亚洲到欧洲的贯通，是与"一带一路"建设最为配套的机制之一。考虑到"一带一路"倡议涉及国家众多，单独沟通不易，亚欧会议作为一个沟通思想的平台，其价值和意义就凸显出来了。亚欧会议本身所具有的多元、自由、灵活的组织特性和方式，也能为相关观点的交汇提供机会，也符合"一带一路"建设的开放、多元和共享的精神。各方可以在充分的交流沟通中发现火花，找到亮点，实现互利互惠。欧洲精英忽视亚欧会议的作用，事实上也反映了精英们对"一带一路"倡议推行模式认识的不足。

2. 中欧之间在基础设施建设和互联互通上是否有必要建立专门的协调机制

内容	人数	百分比
有必要	51	46.4%
没有必要	7	6.4%
有待观察	37	33.6%
不清楚	15	13.6%

关于这一问题，46.4%的人认为有必要建立互联互通的专门协调机制，33.6%的人认为"有待观察"。这一结果事实上反映了欧洲精英一种相对复杂的想法，即虽然认为"有必要"，但需要考虑其可实施性以及实施效率问题。尽管中欧之间基础设施建设合作潜力很大、机会很多，但能否变成现实，仍面临较多的变数，存在很大的不确定性。因此，尽管这种合作"有必要"但仍"有待观察"。选择"没有必要"的只占到6.4%。

3. 中欧在"一带一路"建设的金融合作领域有哪些工具可以充分利用

内容	人数	百分比
"一带一路"战略基金	74	67.3%
亚洲基础设施投资银行	74	67.3%
金砖国家开发银行	27	24.5%
欧盟结构基金	43	39.1%
欧洲复兴和开发银行	54	49.1%
世界银行	31	28.2%
亚洲开发银行	29	26.4%
欧洲投资银行	40	36.4%
其他	24	21.8%

金融合作是推动中欧双方机制化合作的一个重要的内容，也能客观反映双方合作的战略性和实际合作的层次和规模。如果中欧各自的金融工具能够密切配合，相互利用，则会切实体现双方合作的质量，如果认为这些工具没有可利用的价值，则预期的结果可能是相反的。从实际反映的情况看，欧洲精英反馈的结果并不乐观，主要表现在：

首先是欧洲精英对中国的金融机构寄予过高的期望，对来自欧洲的金融机构期望值偏低，体现为，分别有

67.3%的受访者认为"一带一路"战略基金和亚洲基础设施投资银行的金融工具可以得到充分利用，明显期望中国承担更多的融资义务。而对于欧洲重要的金融工具，49.1%的人认为欧洲复兴和开发银行的资金、39.1%的人认为欧盟结构基金所提供的资金、36.4%的人认为欧洲投资银行提供的资金可以充分利用。事实上，欧盟结构基金、欧洲投资银行都是欧盟金融资金的主要供应者，要比"一带一路"战略基金和亚洲基础设施投资银行所能提供的资金多得多，但精英明显认为这些资金的利用不及来自中国的基金。

其次是对中欧基础设施建设合作发挥重要作用的多边金融机构如世界银行、亚洲开发银行的角色明显看淡，分别只有28.2%和26.4%的人认为可以充分利用这两个机构的资金。

可以说，欧洲精英认为中欧在金融领域合作是比较有潜力的，但对于中方的出资期望值明显高于欧洲，多边金融机构的角色未得到他们的充分重视。

四 "一带一路"倡议面临的机遇和挑战

对于中欧媒体热议的"容克投资计划"与"一带一路"倡议对接问题，欧洲精英持乐观态度的人不多，看淡或者忽视此项合作潜力的人占据大多数。

关于中欧基建合作可能面临的问题，欧洲精英对双方有着非常不对称的期望，即更担心中国方面有更多的问题而且难以达到欧盟要求的标准，而对于欧方能否与中方本着平等互利、协商共建等缺乏认识，以中国是否能迎合欧盟标准为主要判断准绳，这将是双方未来合作可能面临的一个主要障碍之一。

关于丝绸之路经济带与欧亚经济联盟对接问题，欧洲精英事实上并不看好这种对接合作，认为这更多的是一种政治姿态，未必能产生实际经济效果。

中国积极推进贸易畅通是否会与"跨大西洋贸易与投资伙伴协议"（TTIP）形成对冲，欧洲精英多数表现出未知和无法判断的态度。

欧洲精英还认为"合作机制不完善"是影响中欧金融合作最主要的问题之一。

在中欧人文交流与合作上，尽管精英认为双方的意识形态差异是个障碍，但更多的人认为这不是主要的障碍，人文交流需要时间和耐心，短时间内不会产生明显效果。

下面笔者就具体情况做进一步阐释：

1. "容克投资计划" 与中国的 "一带一路" 战略倡议的合作潜力有多大

内容	人数	百分比
非常大	17	15.5%
一般	21	19.1%
没有潜力	3	2.7%
不清楚	45	40.9%
待观察	24	21.8%

对于这个问题，尽管中欧高层进行了接触和磋商，实际结果如何，仍不得而知。那么欧洲精英是如何看待这一问题的呢？有超过40%的人认为"不清楚"，意味着精英对于这种合作潜力并没有明确的概念，而认为"待观察"的也高达21.8%，两者相加，有62.7%的人实际上并无明确的看法。认为合作潜力非常大的只有15.5%，认为"一般"的有19.1%。可以认为，看好

"容克投资计划"与"一带一路"倡议合作潜力的很少，但看淡或者未表达明确看法的则占据大多数。

2. 中欧在基础设施建设合作上面临的主要问题是什么

内容	人数	百分比
中国的基建需求能否与泛欧网络框架兼容	49	44.5%
中国的基建水平是否能够达到欧盟的标准	54	49.1%
中国的基建操作规程是否能保持透明度	51	46.4%
基建等大项目工程在欧洲国家面临较大的投资风险	24	21.8%
其他	21	19.1%

49.1%的精英认为，中欧双方基建合作面临的主要问题是"中国的基建水平是否能够达到欧盟的标准"，有46.4%的人认为主要问题是"中国的基建操作规程是否能够保持透明度"，44.5%的人认为主要问题是"中国的基建需求能否与泛欧网络框架兼容"。欧洲精英对于双方合作有着非常不对称的期望，即将更多的担忧放在中方可能出现的问题和存在的差距上，而对于欧方能否与中方本着平等互利、协商共建等问题缺乏认识，以中国是否能迎合欧洲标准为主要判断准绳，这将是双方未来合作可能面临的一个主要障碍之一。精英还对基建等

大型项目建设在欧洲存在的风险认识不足，只有 21.8%
的人做出了回答。

3. 2015 年 5 月，中国和俄罗斯联合签署了《关于丝绸之
路经济带建设与欧亚经济联盟建设对接合作的联合声明》，您
如何看待这一合作

内容	人数	百分比
中俄在战略上密切合作的一种体现	48	43.6%
中俄在美欧压力下的产物	25	22.7%
是中俄经贸、投资合作水到渠成的产物	34	30.9%
合作会对中欧自贸区谈判产生积极影响	13	11.8%
合作会对中欧自贸区谈判产生消极影响	20	18.2%
其他	32	29.1%

不得不说明的是，对于这个问题，将近 30% 的受访
者选择了"其他"，据数据分析，选择这一选项的人大
都是对这个问题不了解。而未选择这一选项的人中，有
43.6% 的人认为这是"中俄在战略上密切合作的一种体
现"，实际上认为这更像是一种政治姿态。30.9% 的人认
为是中俄经贸、投资合作水到渠成的产物，这一比例要
低于第一选项将近 13 个百分点。认为这一合作对于中欧
自贸区谈判产生积极影响的人要少于认为会产生消极影

响的人。可见，欧洲精英事实上并不看好这种对接合作，认为更多的是一种政治姿态，未必能产生实际经济效果。

4. 中国积极推进贸易畅通，是否会对现有的 TTIP 形成对冲

内容	人数	百分比
会	15	13.6%
不会	22	20.0%
不清楚	28	25.5%
待观察	42	38.2%
其他	3	2.7%

对于这一相对尖锐的问题，比例最高的回答（38.2%）选择"待观察"，其次（25.5%）是选择"不清楚"。两者相加，超过60%的认为目前无法做出判断，认为"不会"形成对冲的（20.0%）超过认为"会"形成对冲的（13.6%）人数。因此，对于这一问题，欧洲精英多数表现出未知和无法判断的态度。这里因素较为复杂，主要是因为 TTIP 的进展和将来会达成一个何种形式的经贸合作协议仍不可预知；其次是中国的贸易畅通战略在欧洲精英眼中也是一个没有直观印象的表述，两种因素叠加，使得精英难以做出明确判断。

5. 在"一带一路"建设中，中欧在金融合作上面临的主要问题是什么

内容	人数	百分比
欧元区动荡	42	38.2%
人民币国际化水平低	33	30.0%
双方均以美元为主要贸易货币	17	15.5%
并不完善的金融合作机制	53	48.2%
其他	24	21.8%

48.2%的被调查者将矛头指向了双方"并不完善的金融合作机制"，其次是"欧元区的动荡"问题（38.2%），"人民币国际化水平低"位列第三（30.0%）。在这一点上，欧洲精英更期待双方能够达成相对完善的金融合作机制，以夯实双方的金融合作基础。

6. 中欧人文交流与合作面临的主要问题是什么

内容	个数	百分比
意识形态差异是最大的问题	28	25.5%
现有的交流与合作未发生作用	7	6.4%
双方缺乏交流与合作的意愿	6	5.5%
人与人交流是长期问题，不可能短期取得成效	60	54.5%
双方政府不够重视	12	10.9%
其他	26	23.6%

对于中欧人文交流问题，欧洲精英大多抱着支持和理解的态度，有54.5%的人认为，"人与人交流是长期问题，不可能短期取得成效"，其次有25.5%的人认为意识形态差异是最大的问题，另有23.6%的人认为是其他问题。

五　精英们提出的具体问题和政策建议

为加强中欧在"一带一路"倡议上的合作，欧洲精英纷纷提出了自己的看法，笔者从问卷中择其要者，选择出代表性观点，列举如下：

问卷1：要加强中国欧盟的合作，有几个问题需要考虑：首先是初期阶段，双方合作的机制和程序均应规范化和及时到位；其次是确保投资气候的稳定；再次是确保不断开发新的投资项目；最后是对中欧联合资助的投资项目要有对财政成本的合理评估。

问卷3：从一个非欧盟公民但对欧盟的机制功能有一定了解的人的立场看，最重要的是要设计一种新的机制，尽量限制欧盟机构糟糕的官僚化问题所产生的不利影响。

问卷4：首先是我们需要更多的信息了解"一带一

路”项目的具体内容；其次是对（欧洲）公众来说“一带一路”的目标和具体目标仍是不清晰的，必须进一步作出明确的阐释（比如双边贸易经过几十年发展仍稳步向前的情况下我们为什么还要推动欧亚互联互通呢）；再次是中国方面需总体上提升并影响欧洲公众对“一带一路”倡议的认知，孔子学院无法完成这项任务，新的机构（如欧洲的非政府组织）需要适度和可靠的中方资助，让它们发挥积极作用；第四是在多个层面进行专业性的交流（比如邀请后勤研究专家、经济学家、政治学专家参与）是非常必要的。

问卷9：在任何时候展开合作投资，中国都应同欧盟及相关机构进行协商，解释清楚目标和进展。

问卷10：中国需要对“一带一路”倡议的概念解释得更清楚一些，并提供一些欧洲能够参与的具体项目。眼下，这个倡议太过简要和不明确。欧盟也需要了解和认识这个概念，但这方面欧盟事实上了解得不多。

问卷16：双方需要在制度层面建立更稳固的机制，明确制定好开展下一步工作的计划，以及克服正在进行的项目可能出现中断的问题。

问卷17：中欧需要对俄罗斯形成共同的政策来让其

在"一带一路"倡议上进行合作，俄罗斯的政策造成地区不稳定和冲突，我认为这是"一带一路"倡议能否在欧洲顺利进行的最大障碍之一。

问卷18：根据我对欧盟相关问题的跟踪研究，它干的很多事情还没有开始启动就结束了。我认为最重要的是解释清楚这种合作会带来什么样的收益。各种会议和人与人之间的交流（尤其是专家之间）对于推动"一带一路"倡议是很重要的。

问卷19：首先地方合作很重要（也是真正在开展的合作），比如罗兹—成都之间的合作；其次是建立研究机构和智库共同体，为"一带一路"倡议出谋划策。

问卷21：首先是在实施具体项目上，城市和地区所能扮演的角色应该给予充分重视；其次是自下而上的倡议，尤其是人与人之间的交流和中小企业合作应该给予充分的资助和鼓励。

问卷23：应该建立多渠道的信息交流机制，深度和透明的合作，将双方的成功案例和成功故事互相分享。

问卷24：我并不认为"一带一路"真的能够被建立起来并且在某个阶段宣布正式完成。它只是一项指导中国如何往前走以及包括如何同欧盟等行为体合作的方案。

这一合作框架事实上是要大家利用各种手段达到各自的目标。但是中国方面的这一战略的具体目标还是难以弄清楚，并且也没有做好更多的解释工作，所以我很难说中国最终会取得什么样的目标。我并不认为中方宣布的"一带一路"战略计划是现实中的实实在在的能够建立起来的"路"或"带"。我更相信它是中国尝试如何在沿着中欧之间的两个或多个连接点上巩固自身的存在。总之，中国还要做许多解释性工作，包括说明这项战略的实际目的是什么，到底进展怎么样了，等等。比起中国宣布的其他计划，这个想法看起来很好，但我们对它的内涵知之甚少，这在某种程度上引发中国的合作伙伴们产生某种谨慎和担忧情绪。

问卷37：欧洲对"一带一路"倡议仍存在某些担忧和怀疑，信任赤字可能阻碍这项倡议的推进。时下的欧俄关系出现问题，也阻碍了中欧之间的互联互通。要想为双边更富有成果的合作铺平道路，双方需要建立更多的互信与理解，尤其对彼此的意图和兴趣有更好的了解与认识，在对俄问题上展开更富建设性的合作。

问卷38：在中国制定的这一重大规划方案中，欧洲参与"一带一路"倡议可以推动东欧的稳定，双方需要努力推进经济合作伙伴关系，这会给欧俄关系带来益处。"一带一路"倡议的成功很大程度上依赖于该区域的稳定与安全。

　　问卷40：中欧之间需要在这个倡议中发现共同兴趣，应将合作重点放在经济上而不是政治上。加强人与人之间的交流是一个重要方面也是一种务实的办法。双方都需要处理的一个主要问题是美国的全球利益，即使现在我们谈的是推动中欧互联互通，但在现有条件下，美国的利益是不能忽视的。

　　问卷41：应采取更透明和清晰的机制，采用以市场为导向的政策。

　　问卷43：应让更多的非政府组织、智库和私人部门参与协商，加强中国和欧洲非政府组织、智库和私人部门的直接接触和沟通，这将为"一带一路"倡议提供有价值的东西。

　　问卷48：迄今为止中国方面似乎在努力推动"一带一路"项目，应该在合理评估欧洲国家受益情况和溢出效应的情况下维持一种更加平衡的框架。中方应努力提升对区域内和区域间差异的了解，千万不要低估这种差异性。更要强调的是要遵守欧盟的标准和做法，低息贷款等其他办法是有效的补充，应在欧盟、俄罗斯和中国之间在融资问题建立伙伴关系，还需要针对"一带一路"倡议的工程及其整体目标作出更多关注跨文化交流和公共教育的工作。

问卷 50：协调问题：欧盟即使在其内部也协调不好经济政策，更别提将中国的倡议纳入某些决策议程中；缺乏认知和了解问题：不同宣传风格影响了双方对彼此的了解。

问卷 53：俄罗斯不可能在"一带一路"倡议上扮演积极角色，它很有可能在中欧合作中蓄意制造某些障碍。我担心某些政治声明可能会对欧俄关系中某些问题在中国精英中造成误解。中国没有必要来制衡"跨大西洋贸易与投资伙伴协定"，所有的评估都表明这一协定对欧盟成员国影响有限，它对中国经济的影响很可能是中性的，甚至在某些方面是积极的。目前，双方理想的合作应该集中在反腐败问题和建立合理的竞争环境上。

问卷 80：在欧洲经济停滞不前的情况下，中国的参与是受欢迎的，但仍无法预知如何把欧洲基金和"一带一路"倡议很好地整合在一起。或许意识形态并不是真正的障碍，但对人文交流的不同理解可能造成双方对彼此有不现实的期待，这可能对双方合作产生严重的不利影响。

问卷84：应该努力使欧俄关系正常化，中欧俄良好的三边关系是确保新的世界秩序和平与稳定的最好保障。

问卷85：在"一带一路"倡议中，应该成立各种领域的专业性协会，纳入中方和欧方专家，比如后勤或物流专家委员会，为"一带一路"倡议建言献策。

六　问卷调查反映的情况和趋势分析

从欧洲精英的反馈看，他们的想法带有很强的欧洲色彩，并认为中欧在"一带一路"倡议上的合作应该把不同的想法和思维融合在一起，推进互利共赢。

第一，欧洲精英对"一带一路"倡议的基本精神了解和定位相对准确，倡议的正面和积极意义也为欧洲精英所基本认同。中方提出的在"一带一路"倡议背景下推动双方的贸易合作和互联互通，符合欧方利益，因此也为欧方所乐见和接受。

第二，在对"一带一路"倡议大的基本面有所了解的基础上，欧洲精英对其深层次的目的和具体内容认识不清，认为中方有必要做进一步的阐释。由于对"一带一路"倡议深层次精神和具体目标仍难以把握，导致部分精英的疑虑情绪出现，或者对"一带一路"倡议的作用抱有不切实际的期望。

第三，欧洲精英高度重视推进"一带一路"倡议上的机制化建设，认为合理的机制建设是推进"一带一路"倡议的基本保障。在这种机制保障当中，欧方反应出与中方并不对称的期望，认为中国需要更多地与欧盟的规则和标准接轨，中方在金融合作机制建设中，应该承担更多责任，付出更多的投资等。此外，精英认为"合作机制不完善"是阻碍中欧金融合作的重要因素。不过，对机制建设的具体内容，欧洲精英实际上并无太多具体的想法，反映了欧洲本身如何在与"一带一路"倡议对接上并未找到具体和明确的抓手。

第四，欧洲精英认为民心相通很重要，是中国推进"一带一路"倡议的基础。推进民心相通的手段是加强民众之间的接触和交往，此外，推动双方专家的接触与交流、共同组建专业性的技术合作委员会，中方加强对私人部门、非政府组织、社会团体以及中小企业合作的资助力度等，均被欧洲精英认为是推进民心相通的重要举措。"民心相通先行，大型工程和合作在后"是部分欧洲精英的共识。

第五，欧洲精英高度重视中欧在"一带一路"合作上与第三方合作的问题，这个第三方包含的行为体主要是俄罗斯和美国。精英的想法务实而具体，他们认为俄罗斯因素对"一带一路"倡议影响巨大，中欧要想推进亚欧互联互通，不能抛开俄罗斯，正是因为俄罗斯因素导致亚欧大陆的不稳定，并不友好的欧俄关系将会对"一带一路"倡议造成巨大影响。中国必须利用自身优势，将俄罗斯拉进来，推动中欧俄在亚欧大陆互联互通等项目上展开有效合作。美国因素也是欧洲精英高度关注的，他们认为美国的利益在亚欧大陆广泛存在，中方只有在充分理解和考虑美方利益后，把美方拉进来，中欧的合作才能确保顺畅和互利共赢。

第六，欧洲精英对"一带一路"倡议与"容克投资计划"对接表现出不了解或不乐观的态度。据欧洲精英的反馈，中欧之间需要做巨量的工作，来协调彼此的财政和法律问题以及规则和标准问题，可以说，规则和标准的对接最为困难，表面上看，规则是简单的，是固定的，但在实际执行过程中，规则的阻碍是无处不在的。

还有精英认为，"容克投资计划"是一种纯经济的考虑，意图很清楚，但中国的"一带一路"倡议却有很多不明确的地方，最起码它不像"容克投资计划"那样是一个简单的投资计划，如何对接是个未知数。还有精英说，机制合作不到位，别空谈什么"对接"。

最后，精英们认同人文交流的重要性，但并不认为意识形态差异是主要的阻碍，比意识形态更为重要的是文化和思维方式的差异。事实上，这样的差异很多时候的确带来交流不畅，比如某精英认为中国人强调人际关系，欧洲人倚重技术官僚和大众民意，不同的文化和思维方式导致决策体系和决策实施方式有着巨大的差异，导致双方很难融合。具体来说，中国"一带一路"倡议强调的长远和渐进方式与欧洲观念里强调的具体和务实存在不少差异，双方如何调整彼此的期望值变得异常重要。

附：

欧洲国家对"一带一路"看法

问卷调查（Chinese Version）

问卷编号□□□□□□□

各位朋友，这是一项中国社会科学院欧洲研究所主持的专门针对中外政府官员和专家学者等进行的问卷调查，调查没有任何盈利和政治目的，只用于相关的学术研究，我们承诺严格保密您的隐私，请放心填写。对您的支持与合作，我们表示衷心的感谢！

（一）基本情况

1. 您的性别

    a. 男性   b. 女性

2. 您的年龄

    a. 30 岁以下   b. 30—40 岁   c. 40—50 岁

    d. 50—60 岁   e. 60 岁以上

3. 您的国籍是（请注明）：＿＿＿＿＿

4. 您的职业

    a. 政府官员   b. 专职研究人员   c. 新闻工作者

    d. 高校教师   e. 其他（请注明）

5. 您有在海外学习/工作的经历吗（至少 3 个月及以上）？

    a. 有   b. 无

（二）对中国的"一带一路"战略构想的看法

1. 中国提出的"一带一路"战略构想的根本目的是什么？（可多选）

    a. 推进与沿线国家的经贸与投资合作   b. 推进与沿线国家互联互通与区域合作   c. 加快中国在全球的能源、资源为导向的战略布局   d. 推动中国优势装备走出去   e. 加快中国过剩产能的转移   f. 意图未明   g. 其他（请说明）

2. 下列关于中国"一带一路"战略特点的描述哪个是正确的？（可多选）

    a. 中方占主导地位的一项战略规划   b. 中方主动提出的、秉承共商、共建、共享原则的一项战略规划

c. 是中国推行全球治理新模式的一次积极探索

d. 中国主动、积极承担全球合作与发展国际责任的一种体现　　e. 中国在新形势下深化改革和扩大开放的实际需要　　f. 中国试图向亚欧地区扩展影响力，寻求区域霸权的一项战略　　g. 中国对美国的亚太再平衡战略的一项应对举措　　h. 其他（请说明）

3. 中国的"五通"（政策沟通、贸易畅通、道路连通、货币流通、民心相通）是否与欧盟大市场坚持的四大自由原则（人力、资本、服务、商品不受限制的流动）在本质上是相同的？（可多选）

a. 基本相同　　b. 根本不同　　c. 应是中方追求的远期目标　　d. 其他（请说明）

4. "一带一路"行经的国家面临诸多复杂问题，下列哪些问题是中国"一带一路"建设推动过程中会积极解决的问题？（可多选）

a. 非法移民问题　　b. 反恐问题　　c. 区域冲突问题　　d. 打破区域间的贸易和投资规则壁垒

e. 提升区域间互联互通的效率、水平和规模　　e. 推动能源运输效率与提升能源安全　　f. 其他（请说明）

5. "一带一路"建设在政策沟通方面中欧之间适合选择
   什么样的对话交流机制（可多选）？

   a. 中欧关系框架下的合作机制　　b. 中国和欧洲各
   国所确立的战略合作机制　　c. 中国中东欧合作等区
   域合作机制　　d. 亚欧会议合作机制　　e. 各种形
   式的专业性合作论坛　　f. 非正式交流　　g. 重大国
   际会议场合的会下交流　　h. 中欧之间建立新的、专
   门的"一带一路"合作对话机制　　i. 其他（请说
   明）

6. 中欧之间在基础设施建设和互联互通上是否有必要建
   立专门的协调机制？（可多选）

   a. 有必要　　b. 没必要　　c. 有待观察　　d. 不清
   楚（原因）

7. 中欧在基础设施建设合作上面临的主要问题是什么？
   （可多选）

   a. 中国的基建需求能否与泛欧网络框架兼容

   b. 中国的基建水平是否能够达到欧盟的标准

   c. 中国的基建操作规程是否能保持透明度　　d. 基
   建等大项目工程在欧洲国家面临较大的投资风险

   e. 其他（请说明）

8. 2015 年 5 月，中国和俄罗斯联合签署了《关于丝绸之路经济带建设与欧亚经济联盟建设对接合作的联合声明》，您如何看待这一合作建立？（可多选）

　　a. 中俄在战略上密切合作的一种体现　　b. 中国与欧盟的自贸区建设是大势所趋　　c. 在美欧的战略压力下，倒逼中俄合作的产物之一　　d. 是中俄经贸、投资合作水到渠成的产物　　e. 其他（请说明）

9. 您认为中国积极推进贸易畅通，是否会对现有的 TTIP 形成对冲？（可多选）

　　a. 会　　b. 不会　　c. 不清楚　　d. 尚待观察

　　e. 其他（请说明）

10. 您认为"容克投资计划"与中国的"一带一路"战略倡议的合作潜力有多大？（可多选）

　　a. 很大　　b. 一般　　c. 没有　　d. 不清楚

　　e. 待观察（请说明各选项的理由是什么）

11. 中欧在"一带一路"建设中金融合作中哪些工具是可以充分利用的？（可多选）

　　a. 丝路基金　　b. 亚洲基础设施建设投资银行

　　c. 金砖国家开发银行　　d. 欧盟的结构基金

　　e. 欧洲复兴和开发银行　　f. 世界银行　　g. 亚洲

开发银行   h. 其他（请说明）

12. 在"一带一路"建设中，中欧在金融合作上面临的主要问题是什么？

    a. 欧元持续动荡   b. 人民币国际化水平较低

    c. 双方仍以美元作为主要交易货币   d. 金融合作机制不够健全   e. 其他（请说明）

13. 中欧人文交流与合作面临的主要问题是什么？（可多选）

    a. 意识形态的差异是最大障碍   b. 现有的交流合作机制难以发挥作用   c. 双方缺乏交流合作的意愿   d. 人文交流需要长期积累，难以短期内产生明显效果   e. 双边政府不重视   f. 其他

14. 您对中欧在"一带一路"建设背景下加强合作有何建议？

对于您的支持与合作，再次表示感谢！

第三章 "一带一路"在欧洲
建设的风险评估

在本章中，笔者分两大部分作出阐述，即以中国"一带一路"倡议在欧洲的基本布局——北线和南线来展开分析。北线是指"丝绸之路经济带"在亚欧大陆布局情况，南线是指"中欧陆海快线"在东南欧地区布局情况。这里笔者要强调的是，本书只提供一种风险评估的思考角度，并不认为这些风险一定会发生在"一带一路"在欧洲建设的进程中，只是将这些风险作为影响"一带一路"建设的变量考量。风险评估的价值就在于充分考虑各种风险因素的存在并及时做好预防。

一 "丝绸之路经济带"建设在欧洲的
情况及面临的风险

（一）中东欧是"丝绸之路经济带"建设的重要连接点

2013 年 9 月，中国国家主席习近平在访问中亚国家期间，提出了建设"丝绸之路经济带"的倡议。作为向西开放战略中的重要组成部分，"丝绸之路经济带"建设将为中国与相关国家和区域的合作提供良好契机。在"丝绸之路经济带"战略中，中东欧的角色和作用是"心照不宣"的。

首先，从"丝绸之路经济带"这个名称表述上看，它具有复兴古代丝绸之路之意，即推动从中国到欧洲的经济合作和交流，连接亚欧两大市场是题中应有之义。从陆路上来说，中东欧是中国经行欧盟市场的连接点。从这一角度看，中东欧当然是丝绸之路经济带建设的重要一环。

其次，目前中国同欧洲已经有了欧亚大陆桥和陆路交通运输大通道的存在，并且经行中东欧。建设"丝绸之路经济带"经行中东欧国家不但可行，而且有现实先例。尽管中国在公开场合宣布的重点是打造中国同周边和中亚国家的"丝绸之路经济带"，但从发掘更大的市场机遇看，"丝绸之路经济带"建设绝不会止于中亚，中国的另一目标是欧盟。欧盟连续十年保持中国第一大贸易伙伴地位，双方年度贸易额突破 5500 亿美元，人员往来每年超过 500 万人次。① 从长远看欧盟市场有巨大潜力推动中国经济持续增长以及生产方式转变，也有助于推动中国的西部开发。

事实上，中方决策者在多个场合已经表达出上述思想和战略意图，并预示中东欧会发挥重要作用。

2014 年 3 月 29 日，习近平在访问德国时参观了杜伊斯堡港。他表示，中方提出建设"丝绸之路经济带"倡议，秉承共同发展、共同繁荣的理念，联动亚欧两大市场，赋予古丝绸之路新的时代内涵，造福沿途各国人民。中德位于丝绸之路经济带两端，是亚欧两大经济体和增长极，也是渝新欧铁路的起点和终点。两国应该加

① 《深化互利共赢的中欧全面战略伙伴关系——中国对欧盟政策文件》，http：//www. gov. cn/xinwen/2014 - 04/02/content_ 2651490. htm。

强合作，推进"丝绸之路经济带"建设。①

2014年3月31日，习近平访问欧盟总部，双方发布了《关于深化互利共赢的中欧全面战略伙伴关系的联合声明》，联合声明在第十四条中强调，中欧加强交通运输关系潜力巨大，双方决定共同挖掘中国"丝绸之路经济带"倡议与欧盟政策的契合点，探讨在"丝绸之路经济带"沿线（含中东欧国家）开展合作的共同倡议。②

2014年4月10日，国务委员杨洁篪在参加博鳌论坛的"丝绸之路经济带"的专场讨论时说，"几天前，我陪同习近平主席访问欧洲，感到欧洲各界对'一带一路'很关注、很热心"。中欧联合声明指出，中欧决定共同挖掘"丝绸之路经济带"倡议与欧盟政策的契合点，探讨在"丝绸之路经济带"沿线开展合作的共同倡议。习主席在德国杜伊斯堡出席始发于重庆的中欧铁路班列抵港仪式，气氛隆重热烈，在场的每个人都直观感受到，丝绸之路不再是历史书上的概念，而是现代物流和中欧合

① 《习近平参观德国杜伊斯堡港》，http：//www.mfa.gov.cn/mfa_chn/ziliao_611306/zt_611380/dnzt_611382/xjpzxcxdsjhaqfh_666573/zxxx_666575/t1142234.shtml。

② 《关于深化互利共赢的中欧全面战略伙伴关系的联合声明》，ht-tp：//www.mfa.gov.cn/mfa_chn/ziliao_611306/zt_611380/dnzt_611382/xjpzxcxdsjhaqfh_666573/zxxx_666575/t1142797.shtml。

作的新鲜故事，沿路人民得到了实实在在的利益。①

最后，快速发展的中国和中东欧合作，对于推动"丝绸之路经济带"建设大有裨益。中东欧在中国战略中的地位是多方位的，不仅仅是一个合作市场。中东欧国家在中欧合作上的地缘优势明显。现在或即将成为欧盟一部分的中东欧16国在勾连欧亚市场、推动中欧合作上的作用会越来越大，也必将在"丝绸之路经济带"建设上发挥重要作用。

业已存在的中国—中东欧新丝绸之路物流大通道属于三大欧亚大陆桥运输体系的第一欧亚大陆桥和第二欧亚大陆桥，而中东欧16国主要靠近第二欧亚大陆桥。当然，中国—中东欧新丝绸之路物流大通道也不完全和第二欧亚大陆桥重合，而是一个大致的路线。

以欧亚大陆桥为基础，经中国中西部，哈萨克斯坦、俄罗斯、白俄罗斯、波兰等中东欧国家直达欧洲的路线目前建立起多条通道。2011年10月重庆发出第一班横跨欧亚的"渝新欧"国际货运班列（重庆到德国杜伊斯堡）；2012年10月，武汉又发出了第一趟"汉新欧"货

---

① http：//www.mfa.gov.cn/mfa_chn/zyxw_602251/t1145772.shtml.

运专列（武汉到捷克布拉格）；2013 年 4 月，成都开行了
通往波兰的货运班列"蓉欧快铁"（成都到波兰罗兹）；
2013 年 7 月，由郑州始发前往德国的"郑新欧"货运班
列（郑州到德国汉堡）开行；2014 年 11 月 18 日，浙江
义乌到西班牙马德里的"义新欧"铁路开通。五趟专列
皆为铁路运输，均要经过中东欧国家。铁路比起现有的
运输具有一定的竞争力，比如比航空运输便宜，比海上
运输快。但铁路运输也有其自身的问题，如对物流和载
货都提出了很高的要求。正因为如此，"汉新欧"运行时
间不长就因为回程缺乏货源而短暂停运，后又开通。

（二）"丝绸之路经济带"建设面临的困难和风险

1. 国内因素

亚欧大陆"物流通道"的纷纷开通，与近年来中欧
贸易量增加导致物流运输需求增加有关。基于实际需求，
中国联合相关各方打通了多条走新欧亚大陆桥经中东欧
到达西欧的国际铁路运输线路。据实地考察，这些从中
国不同城市出发开往欧洲的专列中，"渝新欧"起步早、
开通时间长，探索出了一系列同欧洲合作的物流新模式，
但也面临一系列挑战，具体体现在：

（1）中国国内物流运输互不统属导致不良竞争。"蓉新欧"、"郑新欧"与"渝新欧"铁路始发站距离很近，前两者与重庆铁路运输距离都在 300 公里左右，但物流管理互不统属，缺乏协调，这必然在货源上产生竞争。武汉、西安等城市的加入，导致中国到欧洲的整个运输线路竞争日趋白热化。为维持生存，各地过度借重政府力量，忽视市场在资源配置中的基础性作用。中国中西部相关省份为搭建各自到欧洲的物流通道，采取政府补贴物流费来培育市场。部分省份叫价过低，极大破坏了公平的竞争环境，也加剧了政府的补贴负担。

（2）中国地方省市"各自为政"为境外合作国家提高要价提供了可乘之机。中国国内无法形成统一的力量与外方博弈，降低对方的物流要价，反而被外方认为是提高要价的机会。目前，亚欧"物流通道"上中国境外某些运输段可以进一步进行线路优化来降低运输时间和成本，但由于中方谈判支撑力量不够，导致外方并无动力和兴趣来提高运输效率，而外方的"不作为"造成的叠加成本反而分摊到中方身上。

（3）产品运输存在偏离市场规律现象。在物流分工日益精细的情况下，哪些产品走空运、铁运和海运要根据市场需求才能做到经济节约。比如，手机产品体积小、重量轻、总价高，适合空运。而笔记本电脑等产品比手机体积略大、重量比手机重，适合铁运。像电视等大体积、低总价产品则适合海运。中国国内部分路段并没有遵守上述特点，货品迁就物流的情况时有发生。同时，绝大部分物流运输没有回程货，不得不在到达目的地后将空集装箱通过海运返回，导致物流运输资源和资金的浪费。

2. 外部因素

（1）中国—中东欧新丝绸之路物流大通道辐射区域界定，以及该大通道形成的经济带涉及相关国家、地区的经济、产业、贸易规模、结构和发展趋势问题，尚需要有个明确的调查分析。由此出现了一些问题，如现有的大通道不经停，运货量不足。从中东欧方面看，其在轨道技术与标准、电气化水平和运载效率等方面需要改造，但改造成本高昂，盈利点较低，且受欧盟相关规制的限制。部分中东欧国家已经私有化，筹建新的运输通道成本高昂，如何解决这一问题是个挑战。

中国—中东欧新丝绸之路物流大通道沿途历经多个国家，海关如何便捷地通关是一个关键问题，同时，由于物流技术水平不一致，特别是中欧部分国家，各干线都处于超负荷状态，配套基础设施建设落后，如车站、仓储、通信、供水及后勤保障系统都不健全，基础设施装备水平低，铁路复线率、电气化率和自动闭塞占铁路营业里程的比重与世界先进水平相比有较大差距，综合通信能力弱，沿线地区综合通信能力仍然严重不足，制约物流业发展。另一方面，沿线各国的物流装备标准化程度不高。各种运输方式之间装备标准不统一，物流器具标准不配套，各种运输装备、装卸设备标准之间，物流包装标准与物流设施标准之间缺乏有效的衔接，一定程度上延缓了货物运输、储存、搬运等过程的机制化和自动化水平。

制度法规建设，尤其是"软联通"建设还需要推进。政策、法律、规制和人力资源开发方面的"软联通"推进需要时间。中国和东盟正在讨论打造自贸区升级版，上合组织推动商签国际道路运输便利化协定，中国与周边国家的质检与海关合作步入制度化轨道。但在中东欧这一段尚无大的动作，如果没有制度保障怎么去做下一步，需要论证。

（2）沿线经过国家较多，大国势力在此盘踞，并拥有广泛的利益存在，增加了中国投资风险。

俄罗斯一直视欧亚共同体为其所恃，担心中国"丝绸之路经济带"建设对其造成威胁，中吉铁路屡建不成就是一个例证；欧盟认为中国发展同中东欧国家关系有分裂欧盟之虞并对欧盟共同贸易政策造成冲击，开始使用欧盟规则进行限制；美国日益关注中国在亚欧大陆的存在并试图进行战略平衡；日本已积极出台相关政策，在中东欧地区对冲中国的影响力。

（3）中东欧和独联体区域进入动荡期，尤其是新东欧的乌克兰事件发生后，美欧博弈加深，使得本区域蕴含巨大的政治风险。但这一区域又是中欧互联互通必须行经的路段，因此，中国必须正视这些风险并做好妥善的准备。

二 "中欧陆海快线"建设在欧洲的情况及面临的风险

（一）"中欧陆海快线"相关情况

"中欧陆海快线"南起希腊比雷埃夫斯港，北至匈牙利布达佩斯，中途经过马其顿斯科普里和塞尔维亚贝尔格莱德。中国与欧洲现有的贸易航线要经过马六甲海峡、孟加拉湾，穿过印度洋，绕过好望角，纵向穿越整个南大西洋，路经西非海岸，最终到达欧洲腹地。而这条快线建成后，将为中国对欧洲出口和欧洲商品输华开辟一条新的便捷航线。这意味着，从中国通往欧洲海运的货物将缩短7—11天的运输时间。2014年12月17日，李克强总理在访问贝尔格莱德参加中国—中东欧领导人峰会时，会见塞尔维亚总理武契奇、匈牙利总理欧尔班和马其顿总理格鲁埃夫斯基时，三方一致同意共同打造"中欧陆海快线"。

在"中欧陆海快线"建设过程中，希腊的比雷埃夫斯港发挥了重要作用，是重要的战略中转地，也是"一带一路"在欧洲布局的重点区位。同时，中国企业在此经营具有一定的前期基础。中国企业在比港有成功的开发经验，且已经将该港口做大做强，中希双方为此均获得收益，从而成为中国企业在欧港口物流建设的典范。自2009年中国中远太平洋集团在当地的分支机构从比雷埃夫斯港务局获得了希腊比雷埃夫斯港2号、3号集装箱码头35年特许经营权后，比港逐渐从一个规模较小、运转效率低下的港口变成地中海区域发展最快的港口。港口的基础设施得到升级，吞吐量从2010年的87.8万标

准集装箱到 2014 年约 370 万标准集装箱。随着希腊议会
批准比雷埃夫斯港务局和中国中远太平洋集团在当地的
分支机构达成的长期友好协定，中远将另投资 2.3 亿欧
元用来扩大和升级比港 3 号码头西段的基础设施，并且
为比雷埃夫斯港务局建设一个新的石油码头。预计 2.3
亿欧元投资项目完成后，2021 年比港吞吐量将增长到
720 万标准集装箱，从而使其成为地中海地区最大的货
物中转中心。① 中远集团通过优化运输线路而从中欧贸易
中获益不菲，同时，其所属公司已经开始收到来自中东
欧（也就是匈牙利、斯洛伐克和捷克）经铁路运输而来
的回程货物，并由比港集装箱码头通过海运运到国内。
通过一系列谈判，中远集团所属公司已经把电子制造商
索尼拉进来，索尼将利用中远集团所属公司经营的中东
欧铁路货运服务向欧洲国家供应产品。其他国际大公司
也纷纷跟进，包括戴尔、思科、三星和 LG 电子、起亚汽
车和现代汽车也表达了在比港建立分拨中心的兴趣。据
估计，如果上述业务能够成行，将为希腊整个 GDP 做出

---

① Economist Intelligence Unit, Piraeus' promising future-under threat?
Country Report, Greece, January 30th, 2015.

约 10% 的贡献，而且解决了很多就业问题。① 毫无疑问，在中国企业的积极经营下，比港成为名副其实的希腊数十年来最成功的私有化项目之一。

中国在欧洲的"一带一路"布局重点放在希腊的比港有下列几点考虑：

首先，该条线路将有力提升沿线各国互联互通，加速实现人员、商品、企业、资金、技术交流，拉动沿线国家的经济发展，并且有助于深化中国同沿线国家的互利合作。尤其是对中欧关系发展，其价值不容低估：一方面，通过完善"中欧陆海快线"建设，中欧双方将从这一便捷和高效的运输网中获得更多、更便宜的产品；另一方面，中国—中东欧合作的匈塞铁路建设，正是欧盟泛欧交通运输走廊重点项目，是欧盟推动整个欧洲东西向和南北向互联互通的十大项目工程之一（见下图）。它不但对欧盟具有战略意义，也对匈牙利和塞尔维亚两国交通运输和商业网络融入欧洲具有战略意义。② 因此，

---

① Economist Intelligence Unit, Piraeus' promising future-under threat? Country Report, Greece, January 30th, 2015.

② Dragan Pavlićević, Dragon on the Doorstep: The Challenges and Opportunities of China's Engagement of CEE, Policy Papers from Eastern Asian Center of Nottingham University of UK, 2013.

这一项目是中欧之间可以互相借力和双赢的项目，有利于推动中欧务实合作。

其次，中欧贸易产品的实际特点和北线陆上运输不足，注定了在很长一段时间海上运输仍是中欧贸易互联互通的主要方式。目前，中欧贸易货物产品主要集中在手工产品、电子和通信产品、办公设备等，从运输方式上讲，海运是最经济实惠的运输载体之一。目前，80%以上的中国货物仍需经海运抵达欧洲。陆上运输虽然可以承载上述货物产品到欧洲，但仍处在起步阶段，且营运状况均不够理想，要整体实现常态化、盈利化和效率化仍需要时间。① 比港则有效融合了上述优点，通过优化线路，缩短海运距离和时间，在欧洲陆上运输的合理布局，提高了运输效率，在某种程度上扩展了中欧双方贸易运输的潜力。

最后，比港项目具有较好的延展性。斯洛伐克副总理兼外交与欧洲一体化事务部长米洛斯拉夫·莱恰克2015 年 2 月 3 日在中国社会科学院演讲时就盛赞"中欧陆海快线"，并认为可以继续北延至斯洛伐克和波兰，使其发挥更大的效用。② 匈牙利近现代中国问题研究基金会主席、前匈牙利驻华大使叶桐认为项目可以向北延伸到波罗的海沿岸国家，打通中东欧的南北动脉。③ 英国智库则认为，如果货运网络能够得到有效开发，比港有望成为跨国公司把产品运到中东欧、中东和非洲一个有吸引力的选择，推动其成为该区域重要的分拨中心。④

---

① 刘作奎：《中东欧在丝绸之路经济建设中作用》，《国际问题研究》2014 年第 3 期。
② 斯洛伐克副总理兼外交与欧洲一体化事务部长米洛斯拉夫·莱恰克在中国社会科学院演讲，2015 年 2 月 3 日。
③ 任鹏：《中欧陆海快线：开拓新时期的"琥珀之路"》，《光明日报》2014 年 12 月 22 日第 8 版。
④ Economist Intelligence Unit, Piraeus' promising future-under threat? Country Report, Greece, January 30th, 2015.

上述基本事实，就突出了比港在中欧贸易运输和"一带一路"建设中的突出地位。中欧新贸易通道的建设不仅推动了新的互联互通，而且双方人民能够享受更加便捷、快速和有效的运输服务，是一个多方共赢的工程。

然而，中方在东南欧地区的这一重要工程，目前正受到多重危机的困扰，笔者在下文逐一进行分析。

（二）希腊持续不断的危机对"一带一路"建设的影响

2009 年年末，希腊爆发主权债务危机以来，受紧缩财政政策和经济不景气的严重影响，政局持续动荡。从2009 年主权债务危机爆发到2015 年新政府上台，希腊政府两次更选，历经了 5 任总理：2011 年 11 月 10 日总理帕潘德里欧辞职。11 日，希腊泛希社运、新民主党和人民党组建联合政府，帕帕季莫斯出任总理。2012 年 5 月6 日，希腊举行大选，得票率最高的三个政党——新民主党、左联和泛希社运先后尝试组阁，但均遭失败。16日，总统帕普利亚斯任命帕纳约蒂斯·皮克拉梅诺斯担任看守政府总理。6 月 17 日，希腊举行二次大选，新民主党险胜左联赢得大选。总统任命新民主党主席安东尼

斯·萨马拉斯担任总理。2014 年 12 月 17 日、23 日、29
日希连续三次选举新总统均流产，2015 年 1 月 25 日希腊
提前举行大选，坚持反紧缩的由齐普拉斯领导的激进左
翼联盟赢得了 36.3% 的选票，齐普拉斯担任总理。

持续的政治波动对中希合作造成了一定的冲击，尤
其是涉及大项目的合作，不同党派吸引投资的政策和私
有化目标并不一致，导致政策缺乏连续性。混乱的政治
局势也削弱了国家的行政功能和效率，导致并不理性的
政治杂音得以登堂入室。2015 年 1 月 26 日，在新总理齐
普拉斯就职当天，希腊便叫停了向中远集团及其他 4 家
竞购者出售比雷埃夫斯港 67% 股份的计划。

新政府叫停私有化项目有多重原因，但概括起来大
致有下列几点。

首先，迎合民意的要求。希腊人对中国参与比港私
有化一直意见不一。尽管私有化为希腊带来丰厚利润，
但希腊工会一直批评中国运营商规定的"中世纪劳动条
件"，缺乏公平性和社会责任。希腊码头工人多次举行抗
议活动，包括聚集在雅典议会门前高举着"中远回家"
的标语牌进行抗议。2013 年希腊工人还举行了大罢工，
反对政府打算向中国人出售比雷埃夫斯港和塞萨洛尼基

港的控股权。正是这些抗议活动使得政府对港口完全私有化迟迟难以决断，一些政党为了获取实际利益逐渐开始迎合民意。

在这一点上，激进左翼政党就很好地利用了民意。激进左翼政党倡导增加福利和就业补助，淡化私有化和市场化，"战略性国有资产"不会被私有化。这些政策内容使其具有明显的"民意党"性质，它也因此获得了选举胜利。

其次，部分政客认为希腊港口被外国人控股太多不划算且有国家利益流失的风险。这些政客认为，过快私有化将使绝大部分收益流入到控股人手里，希腊本身却不是最主要的受益人。基于此，希腊应该在港口经营和开发上保持自主权。这集中体现在希腊负责海运和港口业务的部分官员身上，他们坚持有条件的情况下希腊港口应自主经营。而地方市政当局更是在其中发挥了重要作用。地方官员莫拉雷斯（Yannis Moralis）就是典型代表。自2014年5月当选比雷埃夫斯市市长后，他就极力反对出售整个比雷埃夫斯港务局67%的股份。按莫拉雷斯的说法，这个城市的命运与港口紧密联系在一起，国家和地方政府应保留多数的股权并与各私人投资者签署对国家和地方政府有利的长期租赁协议。莫拉雷斯认为比港的发展应该遵循本国的国家利益，与该国新的、外向型的经济增长模式联系在一起，因此应该把比港变成一个国际船运中心和国外投资者的一个重要港口和旅游中转站，政府应吸引以出口为导向的、以船运或船运业务相关的公司，而不是服从于像中远这样的大公司的利益。

　　事实上，新政府自宣布终止比港私有化之后，就释放了许多不同的声音，也表明了政府内部对于私有化存在完全不同的态度，这些态度博弈的结果某种程度上会决定"中欧陆海快线"的发展前景。其中，希腊财政部官员的态度较为理性，而负责比港具体业务的官员和地方政府则表现出较为激进的立场。总理则在迎合民意和挽救国家经济上巧妙地进行平衡。财政部最清楚希腊经济面临的窘境，现在最需要的是钱，在未彻底走出危机之前，希腊难以有什么筹码和能力来掌控本国的私有化进程，而且私有化并不是洪水猛兽，与国家利益并不相悖。而比港事务官员则仍以利益最大化为执政导向，认为港口事关国家利益，不能因为经济困难而出卖国家重要战略资产。

　　希腊多个政府官员的表态也印证了上述事实。2015年2月2日，希腊财政部部长瓦鲁法基斯在接受外媒采访时表示，希腊新政府认为中国的投资是希升级基础设施、增强竞争力的希望源泉。中远在比港的投资对希腊具有非常积极的意义。叫停已开始的且有中远公司参与的比港港务局私有化项目并不明智。2月9日，财政部一位高级官员说，我们非常赞成并鼓励比雷埃夫斯港私有化。然而，在向议会报告政府项目时，负责海运的常务副部长索佐里斯·兹里察斯坚持认为，我们要停止比雷埃夫斯和塞萨洛尼基港口的私有化项目，来确保国家港口的公有属性。① 当初宣布此项消息的希腊经济、基础设施、航运和旅游部部长乔治·斯塔萨基斯的态度更值得玩味，他表示该部将可能会评估与中远的合作事宜，但并没有说是否会与中远重新谈判，同时强调与中国的合作仍大有前景。该部常务副部长兹里察斯表示："对于希腊上一届政府同中远达成的协议，是已经获得希腊议会批准的，而且三号码头的扩建已经开工；我们（新政府）会尊重相关的协议，并且切实履行协议中所规定的

---

① http：//www.fmprc.gov.cn/ce/cegr/chn/mbtd/t1234868.htm.

义务，绝不会单方面地修改协议。"①

希腊新政府决策的不确定性会给中国"一带一路"建设在欧洲的布局带来冲击，这使得中国不得不考虑应对希腊选举后对中国投资带来的政治和经济风险问题。如果政府将"激进"路线进行到底，终止私有化项目，中远将遭受直接经济损失。其后续影响将更为广泛，会极大阻碍该港口的升级改造扩容进程，从而影响"一带一路"的布局。退一步讲，即使将来比港又恢复私有化进程，也会为一些国际买家介入或者搅局创造条件。

然而，取消私有化危机未了，2015年7月，希腊又上演了公投大戏，齐普拉斯希望以此作为筹码来获得欧盟减债和救助。但这场大戏一开始就面临问题，并最终因为国际债权人的压力，齐普拉斯的要挟没有获得成功，反而不得不接受苛刻的条件。

之所以说政治豪赌无法实现，是因为国际机构和主要债权人均不认可齐普拉斯政府的做法。更重要的是为维护欧盟和欧元区的规则和稳定，欧元区和欧盟领导人不会饮鸩止渴，放任希腊政府的要挟，破坏欧盟和欧元

---

① http：//www.gov.cn/xinwen/2015－01/31/content_ 2812769. htm.

区规则。

李克强总理 2015 年 7 月访欧期间代表中国政府表示,希腊债务问题是欧洲内部事务,但希腊能否留在欧元区,不仅关系到欧元的稳定,也事关世界金融稳定和经济复苏。我们始终认为,中希关系是中欧关系的一部分。中国从大局出发,为希腊克服主权债务危机作出了自己的努力,也用实际行动回应了希腊克服危机的一些关切和请求。李克强强调,我们愿意看到希腊留在欧元区,呼吁国际债权人和希腊方面尽快达成一致,取得积极进展,使希腊和欧元区都能够度过这场危机,中国愿为此发挥建设性作用。

这一立场考虑到各方关切,符合各方利益,获得一致好评。同时也为新的希腊政府执政后,中国和新希腊政府发展关系奠定了基础。尽管中国政府有了现在的表态,但希腊持续的危机已经为"中欧陆海快线"建设蒙上了阴影。未来一段时间,尽管希腊会加大私有化力度,这可能为比雷埃夫斯港的进一步私有化创造条件,但港口等战略资产的私有化会受到一定程度的限制。中国还将面临一个政治、经济和社会持续动荡的国家对投资造成的困扰。

　　更应该注意到的是，希腊对整个巴尔干地区政治和经济稳定的影响不容忽视，希腊一国的危机已经对中国投资造成了冲击，其对整个区域的影响，同样会对中国"一带一路"在巴尔干布局造成一定的影响。

　　20 世纪 90 年代，希腊是欧洲和北约在南部和东南部的稳定之锚。当南斯拉夫经历冲突和解体的时候，希腊则成为东南欧地区稳定的样板，它向从南斯拉夫分裂出来的国家展示出了巴尔干地区国家如果治理得好，仍将拥有民主稳定和经济繁荣的前景，但现在希腊作为北约（1952 年加入）和欧盟（1981 年加入）老资格成员国，可能是东南欧政治和经济不稳定源头之一。20 年前，希腊对它的邻居来说是一个建立在善治、法治和民主繁荣基础上国家样板，现在它出现了问题。希腊问题的责任需要共担，但很显然过去三十年希腊没有做过认真和充分的改革，现在深度的结构性改革需要面对在政党和寡头影响下的根深蒂固的庇护和裙带关系体系。尽管它的经济是脆弱的，但希腊的经济总量比原南斯拉夫分裂出来的所有国家的 GDP 总量还多，它在巴尔干地区扮演着重要的经济角色，至 2010 年之前它是这个区域的重要投资者，它的银行业在巴尔干地区发展成一个令人瞩目的网络，它的电信业和石油公司为巴尔干地区带来重要的资产。如果希腊的情况进一步恶化，金融环境也随之恶化，希腊有可能撤离在该地区的投资，巴尔干地区的发展和稳定令人担忧。

从地缘政治角度看，希腊占据地中海的核心位置，拥有北约在此的重要战略基地克里特岛（Crete），希腊在过去十年还积极地与北约的盟友土耳其发展良好的关系，从而为巴尔干半岛提供了安全的环境。作为现在和未来能源通道的重要中转国家，希腊也是欧盟寻求能源安全的重要支点，它也是难民进入欧洲的前哨基地，对区域和整个欧洲稳定至关重要。

2015 年 10 月，希腊进行了新的选举，政局相对稳定下来，但新政府对港口等重要战略资产采取何种政策，仍有待观察。希腊的经验告诉我们，必须对某些国家的政局变动保持足够的警惕，同时要有一定的耐心。力争做到有所为、有所不为，未雨绸缪，早做安排和打算。

（三）马其顿政治危机对"一带一路"建设的影响

从 2015 年 2 月开始，马其顿国内开始持续发生危机，并导致政局动荡。马其顿现在面临着"双重危机"：一是反对派团体将长期监听的相关录音适时披露，这些录音揭露了执政党高层多项腐败丑闻。于是民众示威，反对派也走上街头，要求现政府下台；二是在多民族混居的库玛诺地区，5月9日警察和一批持有重型武器的来路不明的阿尔巴尼亚族武装人员（很多来自科索沃）发生冲突，造成近十年来该区域最严重的伤亡：8名警察死亡，37名警察受伤。持枪团伙中8人死亡，30人被拘押。马其顿国内安全问题和民族问题矛盾有再次浮现的迹象。

马其顿的和平与稳定与欧盟利益攸关，欧盟积极协调解决马内部动荡问题，并已出台一系列预备措施，主要包括：通过正常的议会程序来组建一个临时政府，各主要党派在临时政府内均应有一定的代表性，临时政府要实施必要的改革来迎接2016年4月的选举（提前两年选举）；根据议会相关法令建立两个独立委员会（A和B），两个委员会听取欧盟、美国和相关国际机构的建议。A委员会的任务是协助并监督临时政府筹备好未来的选举，B委员会的任务是处理录音问题，包括对监听的录音中涉及的犯罪和腐败问题展开调查。此外，在欧盟和美国专家的支持下，成立马其顿和科索沃联合调查组调查库马诺事件。

在这场危机中，中国某国营企业深陷马其顿腐败丑闻之中。

在马其顿反对派领导人佐兰·扎耶夫陆续披露的一系列政府高层谈话监听录音中，涉及现政府高官选举舞弊、高层腐败、敲诈勒索、不道德地滥用权力等。迄今为止共披露了三批录音，其中一个包括马其顿政府代表同中国某国营企业的代表竞标马其顿两段高速公路建筑合同的谈判详情，这两段高速公路是近年来中国在马其顿最重要的工程。录音披露，双方通过商谈，在法律规定的标准程序之外达成交易。重要的是，它披露了马官方报出的成本价和中国某国营企业公布的工程成本价存在明显的差异，而且更重要的是，泄露的录音表明马其顿总理格鲁埃夫斯基还寻求在该合同中得到好处。

这一腐败丑闻也因中国国内反腐斗争而进一步发酵。此时正值中国的反腐行动在习近平领导下进入到第三个年头，国营企业的海外工程也在审查范围之内。当中国媒体对马其顿高速公路合同保持沉默的时候，中共纪律检查委员会开始对某集团及其下属国营企业展开调查，不但发现了此次在马其顿工程竞标中的腐败问题，而且以前也有类似腐败问题发生。中共纪律检查委员会计划在初步审查之后再开展深入调查。根据马其顿中央注册信息委员会的信息，该集团在当地分支机构的总经理最近已经被替换。然而，关于人事变动的原因和具体信息无法得到中国官方的明确解释。而无论欧洲媒体还是欧盟的调查委员会，都希望中方公开对这一问题的处理，以此作为对马其顿政府腐败问题进行彻查的证据之一。

马其顿危机对中国"一带一路"布局欧洲有一定的影响，具体体现在下列几点。

第一，马其顿在招标合同中越过标准的法律程序，这一做法违反了马其顿在立法和实践上需要与欧洲标准一致的做法，令其入盟进程蒙上阴影。马其顿的入盟进程刚有起色，欧盟正在与其协商司法改革等问题。现在马其顿执政党的做法，势必会遭受欧盟的调查，中国企业也可能会受到影响。

第二，马其顿现政府因腐败丑闻而受到冲击，民众对这一国家机构可能不再信任，这势必造成政局的动荡，反对党借揭发执政党腐败而可能上台，这些均可能对中马关系产生不利影响。（但从最新反馈的情况看，执政的国民团结民主党仍有一定的民望）

第三，中国企业向马其顿现政府机构行贿来获取收益的做法，引发了西巴尔干地区部分舆论关注，中国国营企业一时面临较为负面的舆论环境。许多西方媒体也确实利用这次机会来讨伐中国，地方和外国公司以及竞标者也支持舆论炒作中国公司行贿问题。中国在西巴尔干投资的舆论环境未来可能面临较为被动的局面。

第四，欧美重新加强对西巴尔干地区的基建投资的协调与合作。在 2015 年 8 月 27 日维也纳召开的西巴尔干峰会上，欧美等大国政要悉数参加，重点讨论了西巴尔干基建投资问题，并借马其顿这一事件努力限制第三方（主要是俄罗斯和中国）对西巴尔干日益增强的影响。

（四）巴尔干地区的恐怖主义等非传统安全威胁对"一带一路"建设的影响

巴尔干地区是中国"一带一路"在欧洲布局最重要的区域之一，"中欧陆海快线"几乎贯穿整个南巴尔干，从希腊到马其顿再到塞尔维亚，这些均是重要的巴尔干国家。

在传统的分析中，学者们只关注到希腊债务危机、马其顿内部动荡等对"一带一路"倡议所造成的影响，无论国际还是国内学界显然忽视了巴尔干伊斯兰极端势力的存在。它们与外部伊斯兰极端分子相串联，很有可能对巴尔干地区整体稳定造成巨大影响，需要引起中国提早预防和关注。而在整个欧洲范围内，无论是欧盟还是其成员国，显然对这一地区的极端势力关注严重不足，这也使得这些极端势力在近些年（尤其是南斯拉夫冲突爆发后）获得了一定的发展。

巴尔干地区经历了奥斯曼帝国几个世纪的统治，深受伊斯兰教影响，拥有大量穆斯林。长久以来，中东地区的伊斯兰极端势力已经把巴尔干地区视作发展其信徒的重要区域，1991 年，南斯拉夫爆发分裂冲突，伊朗、沙特以及土耳其等伊斯兰国家，无论逊尼派还是什叶派，都卷入了该地区穆斯林统治权的争夺。战乱以及社会的不稳定给了极端宗教势力成长的空间，导致接下来的二十多年，巴尔干地区的伊斯兰极端主义者有组织地发展起来。巴尔干地区近 800 万逊尼派的哈乃斐派穆斯林人口中，伊斯兰极端主义信徒虽然从总体上来看，数量并不多，但是涵盖的人群和种群范围比较广，包括斯拉夫人、阿尔巴尼亚人、土耳其人、罗马人和一些地区少数民族。

巴尔干地区政治动荡，各方政治、宗教势力在这里角逐，深刻地影响了该地区的政治宗教环境，从而导致了宗教极端势力的发展壮大，以及恐怖活动的增多。

1. 伊朗对巴尔干地区的宗教渗透。伊朗长期大力扶持当地的穆斯林，尤其是什叶派穆斯林，以扩大其在当地的影响力。波黑战争期间，伊朗还在国际社会对波黑实行武器禁运时，向波黑穆斯林提供人道主义救援和军事救援。伊朗在巴尔干地区设立了很多情报机构，有资料显示，伊朗的情报与安全事务部和伊斯兰革命卫队早在20世纪70年代就已经在南斯拉夫社会主义联邦共和国存在了。伊朗还通过资助、收买一些国家的政府官员，从而获得它们的支持。

2. 沙特和伊朗在巴尔干的角逐。虽然为了加强伊斯兰国家在该地区的影响，沙特和伊朗偶尔也会不顾忌派系之争而进行合作，但是大多数时候，它们都处于暗地扶持各自势力的竞争状态。在波黑战争期间，沙特和伊朗在该地区分别给自己的扶持对象提供经济援助和军事援助。但是由于在波黑什叶派的人口较少，逊尼派国家沙特阿拉伯占据了一定的优势。逊尼派伊斯兰组织迅速扩张，并借助人道主义伪装孕育起瓦哈比运动，逐渐在伊朗无法确立优势地位的地区发展起来。

3. 极端伊斯兰分子在巴尔干行动。极端伊斯兰分子一直不断扩大在巴尔干地区的影响力。波黑战争结束后，它们将注意力转移到科索沃。在那里，阿尔巴尼亚籍的民族分离主义者建立了"科索沃解放军"（KLA），基地组织给予了"科索沃解放军"强大的支持。1998 年 7 月，"科索沃解放军"的数量达到 25000 人，截止到该年年底，共发动袭击 2278 起，杀死 173 名平民、115 名执法者和 37 名军人，受伤和被绑架人数达到 900 人。①

4. 土耳其加强在巴尔干穆斯林群体中的渗透。土耳其一直在加强其对巴尔干的影响力。土耳其总统埃尔多安 2002 年推行新的泛伊斯兰政策，所谓的"新奥斯曼主义"软实力不断在巴尔干地区尤其是阿尔巴尼亚扩张。土耳其通过教育机构和一些慈善组织提供教育资源和社会救助的同时，宣传其政治宗教信仰。

5. 不能忽视的巴尔干极端势力。极端的伊斯兰主义的发展可能导致巴尔干地区再次沦陷于战火之中，而且很有可能有外部行动者的参与。许多在安全领域富有名

---

① Darko Trifunovic and Milan Mijalkovski, "Terrorist Threats by Balkans Radical Islamist to International Security", *Politics and Religion*, No. 2, Vol. Ⅷ, 2014.

望的权威专家都指出了发生这种灾难性后果的可能性，但是没人愿意听取他们的警告。2001 年 5 月，华盛顿时报专栏专家 Jeffrey Kuhner 写到，巴尔干爆发新的战争"只是时间问题"，"国际社会已经煽起了民族冲突的火苗"。2011 年，克罗地亚情报机构的负责人伊沃·卢克西奇（Ivo Lučić）认为，波黑的克罗地亚人与穆斯林之间的确存在爆发地区冲突的可能性。[②] 如果考虑到在较长的历史时期内，巴尔干地区一直是恐怖分子和走私活动进入欧洲的天然通道的话，没有任何理由忽视巴尔干的恐怖主义问题。2015 年，难民问题在欧洲持续发酵（见后文），难民中也包含着部分极端伊斯兰分子，他们在巴尔干地区日渐活跃起来，这必然会对业已存在的极端势力产生影响，可能形成新的串联，进一步威胁到该地区乃至欧洲的稳定。

考虑到这一切，欧洲必须严肃认真地审视巴尔干地区存在的恐怖主义土壤和恐怖主义势力，并予以坚决的打击。当然，对中国的"一带一路"建设来说，更不能

---

② Darko Trifunovic and Milan Mijalkovski, "Terrorist Threats by Balkans Radical Islamist to International Security", *Politics and Religion*, No. 2, Vol. Ⅷ, 2014.

忽视这批力量的存在以及提前防范其可能带来的不利影响。

（五）欧盟的制度和规则限制对"一带一路"建设的影响

欧盟是一个非常强调规制作用的行为体，把是否遵守规则作为行事的重要价值准绳。欧盟尽量将制度和规则作用发挥最大效用，以避免人为的不客观因素的影响，借此突出欧盟作为"规制性行为体"的行事方式和准则。总的来说，在国际经济和贸易领域，中国很多规则与欧盟并未接轨，更有甚者，我们的很多规则落后于欧盟标准，这就为双方合作带来困难。

除了规则差异外，受欧盟影响的部分区域国家已经高度欧洲化，无论是制度还是文化层面，它们已经执行了欧盟的制度和规范。欧盟对其"领地"进行了一系列深刻的改造，使得其与欧盟在制度上高度趋同，突破不易，因此欧盟在一些特殊区域的"土政策"往往令中方束手无策，这一点在西巴尔干地区表现得比较明显。

1. 欧盟对西巴尔干的控制

具体来说，欧盟要维持西巴尔干国家的入盟势头，不愿让这些国家对入盟失去动力和信心，甚至在战略上发生偏转——迈向东方。欧盟从 2014 年至今连续召开了几次会议，主要包括 2014 年 8 月 28 日的柏林会议、2014 年 10 月 23 日的贝尔格莱德会议、2015 年 3 月 25 日在普里什蒂纳召开的西巴尔干六国部长级会议、2015 年 4 月 21 日欧盟与西巴尔干六国总理的普里什蒂纳会议，2015 年 8 月 27 日的维也纳西巴尔干峰会，欧盟邻国政策和扩大事务代表、交通和区域合作总司司长等轮番上阵。这些会议主要讨论了西巴尔干地区的互联互通、睦邻关系、区域合作和欧洲一体化等问题。

这里尤其值得注意的是，2015 年 4 月 21 日，欧盟邻国政策和扩大事务高级代表同西巴尔干六国总理在科索沃普里什蒂纳的会晤，就建设西巴尔干核心交通网络问题达成了共识，并为 2015 年 8 月维也纳会议的日程做了部署安排。具体包括以下几点。

一是坚持推进"柏林进程"（Berlin Process），确保 2015 年 8 月 27 日维也纳西巴尔干峰会就互联互通的具体投资项目产生具体的成果。"柏林进程"是欧盟协调西巴尔干国家积极融入欧盟的一系列政策框架。考虑到布鲁塞尔疑欧主义力量的增强以及欧盟委员会主席容克宣布欧盟扩大暂停 5 年的战略决策，欧盟积极发起"柏林进程"来巩固和维持西巴尔干入盟势头和动力。"柏林进程"以 2014 年 8 月 28 日在柏林召开的西巴尔干峰会为标志。它也意味着欧盟和德国启动了新一轮推动西巴尔干地区发展和融入欧盟的战略。8 月 27 日的维也纳西巴尔干峰会确认并进一步提出推动西巴尔干入盟的一系列举措。

二是聚焦于欧盟与西巴尔干的互联互通，将欧盟核心交通网络建设延展到西巴尔干地区。欧盟强调推动该区域以及欧盟范围内的互联互通将会为西巴尔干的增长和就业带来好处。在互联互通方面，欧盟刚颁布了一系列计划，最具体的就是 TEN—T 连接欧洲基础设施建设计划，它是欧盟委员会 2014 年 1 月颁布连接东西向和南北向的交通基础设施政策。这个政策旨在弥补成员国交通网络之间的差距，消除内部市场功能运行不畅问题。为了实施该项计划，欧盟拟到 2020 年投入 260 亿欧元。核心交通网络将连接所有欧盟成员国的首都、主要经济中心和主要的欧盟港口。本来核心交通网络计划重点不在西巴尔干地区，现在根据形势需要，将其延展到西巴尔干地区。

三是为推进欧盟与西巴尔干互联互通，理顺各种渠道，清除各种制度障碍，并配备必要的政策工具。欧盟旨在加快西巴尔干国家规章制度的改革，集中力量投资于关键的走廊和互联互通的节点地区；欧盟要求西巴尔干各国的国家投资委员会必须尽快拿出一份需要优先建设的项目方案，以便获得欧盟预加入援助工具（IPA）二期融资。这些项目方案应该反映欧盟能源共同体项目建设的实际需求。相关各机构和各国要立即确认并着手采取相关措施，确定合作规则、理顺跨边界合作手续。这些部署和安排在维也纳会议上得到确认并进行了一系列规划和安排。

2. 欧盟对西巴尔干互联互通计划的具体内容

西巴尔干地区已经频繁地看到欧盟和德国的身影，这里集中体现在"柏林进程"上，欧盟和德国主导的色彩较为明显，主导的内容是推进互联互通。

互联互通主要针对的是核心网络走廊计划，该计划列举了11条核心走廊建设，其中9条已经确定并开始实施建设，它们是：斯堪的纳维亚—地中海走廊、北海到波罗的海走廊、北海地中海走廊、波罗的海—亚得里亚海走廊、欧洲东部至地中海走廊、莱茵阿尔卑斯走廊、大西洋走廊、莱茵多瑙河走廊、地中海走廊。

2015年4月，西巴尔干部长级会议上提出了将基础设施建设的TEN－T计划延展到西巴尔干地区的计划，目前该计划已经成型，具体内容见下表。

TEN－T西巴尔干核心交通网络的公路路线扩展计划

五号c段走廊	波斯尼亚萨马茨（波黑）—多博伊（波黑）—萨拉热窝（波黑）—莫斯塔尔（波黑）—Bijaca（克罗地亚边境）
八号走廊	帝拉那/都拉斯（阿尔巴尼亚）—爱尔巴桑（阿尔巴尼亚）—斯特鲁加（马其顿）—泰托沃（马其顿）—斯科普里（马其顿）—德维拜尔（保加利亚边界）
10号走廊	Batrovci（克罗地亚边界）—贝尔格莱德（塞尔维亚）—尼什（塞尔维亚）—斯科普里（马其顿）—Bogorodica（希腊边界）
10号b段走廊	Subotica（匈牙利边界）—诺维萨德（塞尔维亚）—贝尔格莱德（塞尔维亚）
10号c段走廊	尼什（塞尔维亚）—Gradina（保加利亚边界）
专线1	Debeli Brijeg（跨多国边界）—巴尔（黑山）
专线2	波德戈里察（黑山）—都拉斯（阿尔巴尼亚）—费里（阿尔巴尼亚）—台佩莱纳（阿尔巴尼亚）—Qafë Botë（希腊边界）
专线2a	Gradiska（克罗地亚边界）—巴尼亚卢卡（波黑）—Lasva-Travnik（波黑）
专线4	Vršac（罗马尼亚边界）—贝尔格莱德（塞尔维亚）—波德戈里察（黑山）—巴尔（黑山）
专线6	普里什蒂纳（科索沃）—斯科普里（马其顿）
专线7	莱什（阿尔巴尼亚）—普里什蒂纳（科索沃）—Doljevac/尼什（塞尔维亚）

TEN‐T西巴尔干核心交通网络的铁路路线扩展计划

五号c段走廊	波斯尼亚萨马茨（波黑）—萨拉热窝（波黑）—莫斯塔尔（波黑）—Capljina（波黑）
八号走廊	斯科普里（马其顿）—德维拜尔（马其顿与保加利亚接壤部分）
10号走廊	希德（塞尔维亚）—贝尔格莱德（塞尔维亚）—尼什（塞尔维亚）—斯科普里（马其顿）—Gevgelija（希腊边界）
10号b段走廊	Kelebija（匈牙利边界）—诺维萨德（塞尔维亚）—斯达拉·帕佐瓦/贝尔格莱德（塞尔维亚）
10号c段走廊	尼什（塞尔维亚）—季米特洛夫格勒（保加利亚边界）
专线2	波德戈里察（黑山）—都拉斯/蒂拉那（阿尔巴尼亚）
专线4	Vrsac（罗马尼亚边界）—贝尔格莱德（塞尔维亚）—波德戈里察（黑山）—巴尔（黑山）
专线10	科鲁索瓦（塞尔维亚）—克拉列沃（塞尔维亚）—普里什蒂纳（科索沃）—斯科普里（马其顿）

TEN‐T西巴尔干核心交通网络的内陆水上航线扩展计划

七号走廊多瑙河	巴奇卡帕兰卡—拉姆/挪拉河—蒂莫克河/普里斯托尔
萨瓦河	锡萨克（克罗地亚边界）—贝尔格莱德（塞尔维亚）
提萨河	匈牙利边界—多瑙河

此外，TEN‐T计划还将西巴尔干六国的机场建设以及重要港口建设如阿尔巴尼亚的都拉斯港和黑山的帕尔港等纳入计划范围。

3. 欧盟尤其是德国的安排有限制中国的意图

从上述安排来看，这一系列互联互通扩展计划具有如下几个鲜明的特点。

　　首先是针对西巴尔干国家的入盟提出一系列新举措，以前欧盟和德国对西巴尔干的入盟政策聚焦于制度建设、市民社会建设等软性的计划安排，现在开始布局基建，这些新布局具有很强的应对区域不稳定和外部行为体如中国快速介入该区域的色彩。

　　其次是欧盟加快西巴尔干互联互通建设的时间点是2014年，这一时期中国在西巴尔干影响日盛，欧盟和德国的行动部分针对中国是不言而喻的。

　　再次是软硬两手阻击中国。欧盟和德国多次质疑中国加强在西巴尔干存在的动机，希望中国在西巴尔干的一系列计划安排保持透明度。为了避免中国在西巴尔干互联互通工作可能产生的于己不利影响，欧盟积极运用规则对中国进行约束，并积极抛出欧盟版的基建方案，希望外部投资者以此为蓝本进行投资。

　　总的来说，欧盟尤其是德国的安排是一种双管齐下的办法，从软硬两个规则上来限制中国，软的规则就是欧盟在西巴尔干地区确立的各种制度规定，硬的规则就是坚持中国的基建投资要以欧盟的泛欧网络框架为蓝本，事实上从软硬两个方面对中国的行为作出限制。

（六）欧洲难民危机对"一带一路"建设的影响

从希腊经马其顿到塞尔维亚再至匈牙利的陆上通道日益凸显其重要性。无论政治上、经济上还是地缘战略上，它已成为欧洲交通命脉之一。2014 年在柏林举办的欧盟西巴尔干峰会，德国主导欧盟启动了"柏林进程"，主要目标之一就是加强对这一路段互联互通的投入。这一陆上通道还是 20 多年来欧洲基础设施建设最重要的工程之一泛欧 10 号走廊建设的重要路段（该走廊建设于 1994 年启动）。如果回顾历史，二战中纳粹德国从海上入侵欧洲内陆，也是借助了这条线路。如今，它也是中国在欧洲"一带一路"倡议的标志性的工程——"中欧陆海快线"建设的主要行经路段。

持续发酵的难民危机，也让这条线路出现在舆论场中。大量的叙利亚、伊拉克和阿富汗难民从土耳其启程，耗时两周进入希腊，穿越马其顿和塞尔维亚抵达匈牙利（申根区国家），并借助申根区自由通行的原则到德国或其他目标国家寻找机会。

在难民危机的背景下，"中欧陆海快线"建设是否会受到影响？

1. 欧盟及欧洲国家有加强巴尔干地区互联互通的迫切需求，"一带一路"建设在欧洲的发展大环境比较被看好

从大的战略方面看，无论是欧盟还是行经的巴尔干国家，都有建设此条线路的强烈愿望和加强同中国合作的需求，因此它的发展大环境比较被看好。

从欧盟近 20 年规划的基础设施建设项目看，该条线路一直是欧盟沟通南北的重要轴线。1994 年欧盟启动的泛欧走廊建设中的"10 号走廊规划"，把行经中欧国家、塞尔维亚、马其顿和希腊的路线勾连，积极推进欧洲边缘和内陆在南北向上的互联互通。最近两年，欧盟还加强了对该地区的基建投入，2014 年西巴尔干峰会规划的"柏林进程"以及刚刚举行的维也纳西巴尔干峰会，均提出要对该区域互联互通进行明确的投资和政策支持。2015 年度欧盟委员会推出的"容克投资计划"也明确包含本区域基础设施建设的规划和投资。

更为重要的是，欧盟在本区域互联互通方面还对个人资本和欧盟之外国家资本表示欢迎。在 9 月 1 日召开的布莱德战略论坛上，笔者询问欧盟负责交通事务的总司长 Violeta Bulc 关于欧盟对西巴尔干基础设施建设的计划。她明确表示欧盟有自己的投资，但这绝不意味着它是封闭的项目，欧盟愿意借力所有对此区域感兴趣的第三方投资项目，尤其是中国的"一带一路"建设在此区域的规划。有关这方面工作，中欧双方已经进行了卓有成效的探讨。

就塞尔维亚、匈牙利、马其顿和希腊等国家来说，它们毫无疑问也积极支持此条路线建设。目前这些国家缺乏资金和技术支持，而且动用欧盟的资金受到欧盟很多规定的限制。在利用资金问题上这四个国家面临的问题比其他欧盟成员国要多得多，以至于在维也纳西巴尔干峰会上，塞尔维亚总理武契奇愤怒地表示："我们不需要欧盟的钱"，而来自中国的资本就没有像欧盟那么多的限制。建设此条线路，也能使四国在巨大的中欧贸易份额中获得不菲的收益和较多的就业机会，这也是这些国家比较看重的。

2. 难民危机在技术层面对中国"一带一路"建设有一定的影响

难民危机对"中欧陆海快线"建设的影响是技术层面的。

持续涌入的难民使得申根制度遭受挑战，欧洲国家纷纷加强了边境控制，尤其是难民行经国家塞尔维亚、匈牙利、马其顿等，大都加强了对边境的管制，防止非法移民滞留本国，本区域也暂时因难民大规模涌入而进入动荡期。从技术层面来看，"中欧陆海快线"建设不可能在这种复杂的环境下推进其建设工作，只能等到危机缓解。如果危机持续，欧洲国家无法松绑边境管制，"一带一路"建设工作推进也会很难。概言之，难民危机如果能够在短时间内尽快解决，对中国"一带一路"建设顺利推进是比较有利的。

3. "中欧陆海快线"沿线国家内政危机，叠加难民危机，扩大了"一带一路"建设的风险

目前，"中欧陆海快线"建设真正的挑战在于国别风险。希腊债务危机没有彻底缓解的苗头，希腊政府在议会选举后组建新的政府，但仍无法保证不会再出现新的政治动荡。港口等战略资产的私有化问题仍需要观察，这势必对中国扩大使用希腊比雷埃夫斯港造成一定影响。马其顿内政危机更是严重，而且中国企业深涉其中（见前文分析），导致欧盟对中国企业的投资是否违反欧盟相关规定加大了调查力度。同时，马其顿也面临选举，政府更迭在所难免，政策不确定性增强。新政府是否还能维持前任政策不得而知。塞尔维亚和匈牙利面临的麻烦也不少，两国同欧盟关系都有一定问题，经济不景气。难民危机同时对上述国家的治理能力提出了挑战，势必牵涉其大部分精力，从而间接对"一带一路"建设造成影响。尤其是马其顿国家治理能力本身就比较弱，难民危机加剧了其行政管理体系的脆弱性。

塞尔维亚和匈牙利关系不睦也会对"一带一路"建设产生影响，尤其是在处理难民问题上，两国关系紧张。塞尔维亚对欧盟机构无能力处理难民危机、任匈牙利在匈塞边界高筑围墙表示愤怒。在 8 月 31 日布莱德战略论坛开幕式上，塞尔维亚总理武契奇就向欧洲理事会主席图斯克表示不满，认为欧盟难以解决这一问题实在令人费解，并且任由匈牙利修筑隔离难民的建筑物更是对申根制度和欧洲大陆人员流动自由的挑战。

可以说，"中欧陆海快线"沿线国家本身都有各自的问题，难民危机恶化了这些问题并令相关国家之间的矛盾浮出水面，这些问题提升了"一带一路"建设的风险。

4. 难民危机后续的、次生性影响是"一带一路"建设不可忽视的问题

后续影响主要包括难民危机催生的恐怖主义和极右

思潮，它们会对"一带一路"建设有阻碍作用。

巴尔干地区国家本身具备恐怖主义势力生存的土壤，南斯拉夫解体危机中，前南国家境内外伊斯兰极端恐怖主义势力互相勾连，在此区域活动猖獗，并制造多次恐怖事件，对欧洲大陆安全造成严峻挑战。此次难民危机中，一些恐怖分子（尤其是伊斯兰极端势力）借助难民潮涌入欧洲，同巴尔干地区的伊斯兰势力互相串联，扩大影响，这无形之中对当地安全产生影响，引发广泛关注。

难民危机也推动了欧洲极右思潮的发展，部分欧洲国家排外情绪严重。希腊右翼势力上台后，极右翼势力也得到发展，对外来投资者（含中国）投资租赁港口等战略资源持反对和抵制态度。不仅巴尔干地区而且欧盟部分成员国因难民危机触发极右势力的发展。总的来说，难民危机已经使得该区域整体政治生态出现右翼化的趋势，极右分子思想保守，排斥外来事物，可能会在社会层面影响"一带一路"建设的推进工作。

第四章 政策建议

一 加强内外统筹协调,做好"丝绸之路经济带"中的通道建设工程

通道建设在"一带一路"建设,尤其是"丝绸之路经济带"建设中发挥着至关重要的作用。通道建设又涉及内外协调,执行起来并不容易,但宜作为"一带一路"倡议的一项重要工程来抓,并采取灵活、务实和有效的措施。

第一,通道建设应秉承多点选择、多面开花的务实灵活原则。丝路物流通道建设基本走向是横贯"东西"的,但在一定的情况下,"南北"思维也值得参考。从中国到欧洲的物流通道,中亚和俄罗斯段是重点建设部

分，但遇到的困难不少。在这种条件下，可考虑"东西并举"的方法，在条件成熟的欧洲地区积极建设"支段"物流通道，逐渐通过多点、多渠道、多运输方式结合，实现亚欧物流通道的合理贯通。

中国远洋集团通过租用希腊比雷埃夫斯港，在欧洲大陆的南北走向上开通了新的物流通道。中远充分利用比港货物集散优势，积极筹建和改造中国—匈牙利—塞尔维亚铁路，力争实现中国货物经海运运至希腊比港后，利用筹建和改造的新路线直接将产品运到广大中东欧地区，改变过去过分依赖西欧港口运输的局面，节省物流成本和时间。亚欧物流通道建设也要关注类似的关键段建设，积极探索有市场需求、各方易达成共识的方案，实现市场占有和企业收益的最大化，也为通道建设积累经验。目前，已有欧洲学者提出与中方合作建设多瑙河以及黑海区域的物流通道的新倡议，值得关注。

总的来说，中国和欧洲的互联互通工程建设说明了陆上丝绸之路和海上丝绸之路不是两个独立的进程，而是可以互相借力、互相融合的工程，必要时水陆并举，多线选择，多方筹措，积极推动中欧双方贸易的畅通。

第二，中央和地方加强分工配合，充分挖掘地方合作的潜力。物流通道合作，就是让各个市场主体充分参与进来，改变中央政府唱主角的方式，积极发挥地方政府的积极性，让市、州、县，甚至各工业园区与国外直接合作，实现需求的直接对接。中国目前开通的多趟开往欧洲的货运班列，基本上是地方合作的产物。如四川成都和波兰罗兹省开通的蓉欧快铁，重庆通往欧洲的"渝新欧"铁路也是四国五方（地方政府和企业）合作的产物。宜加强推广这种模式，积极为地方合作创造条件和平台。

与此同时，中央政府也不能放手不管，应做好总体协调工作，比如成立全国性中欧物流通道协调中心，避免物流通道重复建设，在货物运输上协调各省进行合理分工。此外，也宜加强与中东欧等国家的协调，有条件的情况下在中东欧地区成立区域物流协调中心，深耕合作网络。

二　集中力量处理好战略上最为重要的区域，积极寻求合作的突破口

具体来说，中欧在"一带一路"上的合作，重点要

抓西巴尔干地区，就是要积极稳妥地经营好西巴尔干地区。

西巴尔干一直是国际社会高度关注的区域，尤为重要的是，近年来该地区对中国外交战略的重要性开始提升。对中欧合作和"16＋1合作"来说，中国的诸多投资流向了西巴尔干地区，涵盖了基建、能源、物流、电力等多个领域，成为中国对外投资的新增长点，且很多领域事实上是战略性、综合性投资。对"一带一路"建设来说，西巴尔干已经成为中国沟通亚欧两大市场的枢纽，考虑到第二欧亚大陆桥建设仍需要时日，联通希腊、马其顿、塞尔维亚等巴尔干地区国家的"中欧陆海快线"就成为中国沟通欧洲市场的核心纽带之一。

处理好西巴尔干地区问题也是中国打通同欧盟及主要成员国德国良好关系的一次契机，也是推动"16＋1合作"走向深入的一次机会。做好了，就能够推动西巴尔干乃至欧盟与中国的进一步深度合作，做不好，则可能使双方展开博弈，对中国西巴尔干战略可能产生不利影响。

首先，从欧盟基础设施建设的路线选择上看，其在西巴尔干的互联互通方案与"中欧陆海快线"建设方案有重合的地方，双方可以相互借力。欧盟 10 号走廊建设就是从塞尔维亚到马其顿再到希腊，事实上与"中欧陆海快线"建设方案走势是一样的，双方有合作的空间。

其次，欧盟对西巴尔干基础设施建设的一揽子方案规模过于庞大，面临融资的巨大压力。事实上，虽然欧盟宣布到 2020 年累计投资 260 亿欧元，但这笔资金是远远不够的。欧盟现在非常缺钱，希望有外部资金的支持，中国可以在这方面与其共同探讨，开展合作。

再次，在西巴尔干基础设施建设合作上，欧盟官方已向中方正式表达了合作的意向，希望能够得到来自中国方面的融资，同时也规定中方投资西巴尔干基建，应在欧盟所设定的互联互通框架下进行。对此，中国应采取积极主动态度，探讨合作共赢的方案，积极推动中欧互信合作。同时，也应寻求与欧盟缔结可行性操作方案，避免让欧盟的规则阻碍中国在西巴尔干的基建投资。

最后，中国与欧盟在基建投资上应采取双边合作模式，采取一事一议的方法。避免参与欧盟主导的国际性股东融资大会，这是欧盟惯有偏好，喜欢把国际组织、金融机构和重要大国邀约在一起，集体融资。这次维也纳西巴尔干峰会就尝试采取集体融资方式。中国应避免参与此种融资方式，这主要是因为，中国与主要国际组织、欧盟和国际援助行为体援助方式不同，利益诉求不一致，只能有选择性地投入。

三　做好机制建设等顶层设计
工作，畅通合作渠道

应把机制建设放在优先地位，充分利用并发掘现有机制的潜力，更新合作平台。目前，中国正积极利用上海合作组织、中欧合作的各种机制、中国和中东欧合作框架等来推动亚欧物流通道建设，建立了众多经贸、投资和物流等多边沟通平台。但是这些机制都是双边或多边的地区合作机制，无法涵盖亚欧地域所有可能参与物流通道建设的国家。

目前来看，亚欧会议是亚洲与欧洲之间级别最高、规模最大的政府间论坛，一直是亚欧地区合作交流的重要渠道。随着俄罗斯、哈萨克斯坦等国的加入，一些中亚国家表达出参与意愿，亚欧会议的成员贯通"一带一路"，是"一带一路"倡议在具体操作过程中可以充分利用的平台。

　　与此同时，亚欧会议在推进丝路建设上也存在一些不容忽视的问题，即会议如何把"一带一路"建设变成一个长期讨论和对话的主题仍是个问题。根据亚欧会议的惯例，单一话题很难长期主导会议议题。亚欧会议的优势是多边、开放、广泛（亚洲和欧洲的国家大都包含在内），问题是决策没有机制化、讨论的结果没有约束力，而且话题分散，会议日程烦琐。一些议题很容易被淹没在文山会海之中而无法得到执行。

　　除了上述机制外，"16＋1合作"框架也是中方应重点关注的，要夯实和巩固中国和中东欧国家合作的成果，使其成为"一带一路"倡议在欧洲建设的重要平台。

　　应该明确，中国和欧盟在"一带一路"上的合作，离不开中东欧国家。中东欧国家是中国倡议的重要助推力量，应不断丰富和深化中国和中东欧国家在"一带一路"倡议上合作的内涵。具体可应采取下列几项步骤。

　　首先坚持"16＋1合作"框架的弹性和可拓展性。中国和中东欧国家是否维持"16＋1合作"框架不变，这是合作双方一直比较关心的问题。阿尔巴尼亚前总统迈达尼希望有更多的国家加入，以扩大其代表性，比如摩尔多瓦。[③] 此外，陆续有欧洲智库和决策者建议将奥地利、希腊等纳入"16＋1合作"框架。针对这些建议，需要考虑"16＋1合作"框架设计的初衷，即推动中欧合作。因摩尔多瓦没有成为欧盟成员国的前景，因此在较近的将来加入"16＋1合作"框架不太现实。同时，考虑到欧洲目前复杂的地缘政治和安全形势，如允许摩尔多瓦加入，可能会向乌克兰和白俄罗斯申请加入开了口子。从长远来看，对"16＋1合作"框架做出适时调整是必要的，也是维持"16＋1合作"生命力所在，但如何调整尚需根据具体情况作出决定。随着"中欧陆海快线"的引入，这一框架是否仍是一种固定和封闭的平台值得关注。如是否可以考虑"'16＋1合作'＋希腊"模式等。通过制度创新来为中国和中东欧合作增添活力是重要途径之一，而如何使"16＋1合作"充分适应中国"一带一路"战略在欧洲布局是目前需要重点考虑的问题之一。在2015年11月24—25日中国中东欧国家领

---

③　Remarks by Mr. Rexhep Meidani, former President of Albania, 2nd High Level Symposium of Think Tanks of the People's Republic of China and Central and Eastern European Countries, 2 and 3 September, 2014, Bled, Slovenia.

导人苏州峰会上，奥地利、希腊受邀参加会议，从而使得"16＋1合作"框架得以延展。

其次是创新"16＋1合作"的各种专业协调机制建设，助推"一带一路"倡议的发展。

在中国和中东欧合作当中，建立了多个具体领域的具体协调机制，比如旅游促进协调机制，对促进双方经贸合作和人文相通发挥了很大作用。地方合作协调机制也是双方合作的新亮点，推动了地方之间的互联互通，成为"一带一路"倡议的新抓手，渝新欧、蓉欧快铁、陕新欧、汉新欧、郑新欧、义新欧等的陆续开通极大便利了双方的多重合作。计划在塞尔维亚设立的16＋1基础设施建设协调委员会以及在保加利亚建立的16＋1农业合作委员会等，成为各方合作的新抓手。目前在建的智库合作协调委员会和物流合作协调委员会等也都为中国和中东欧合作、推动"一带一路"建设发挥积极作用，这一模式在某种程度上是创举，是依据地区情况因地制宜建立起来的一系列协调机制，多点开花，值得进一步发展和推广。

目前已建正在建立和计划建立的协调机制情况如下表。

协调机制或平台	秘书处所在地	主办单位	进展
16＋1 旅游促进机构及企业联合会	匈牙利	匈牙利旅游公司	已建
16＋1 高校联合会	轮值	各国教育部	已建
16＋1 投资促进机构联系机制	波兰	波兰信息与外国投资局	已建
16＋1 联合商会	波兰（执行机构）、中国（秘书处）	中国贸易促进会	已建
16＋1 省州长联合会	捷克	捷克内务部	已建
16＋1 农业促进联合会	保加利亚	农业与食品部	已建
16＋1 技术转移中心	斯洛伐克	斯科技信息中心	已建
16＋1 交通基础设施合作联合会	塞尔维亚	塞交通部	筹建
16＋1 智库交流与合作网络	中国	中国社会科学院	筹建
16＋1 物流合作联合会	拉脱维亚	待定	正考虑
16＋1 林业合作联合会	斯洛文尼亚	待定	正考虑
16＋1 卫生合作联合会	待定	待定	正考虑
16＋1 艺术合作联合会	待定	待定	正考虑
16＋1 海关合作联合会	待定	待定	正考虑
16＋1 能源合作联合会	罗马尼亚	待定	正考虑

注：资料系作者据相关资料自行整理，仅供参考。

四　积极稳妥地处理好同欧盟的关系，通过互利共赢的方式化解欧盟疑虑

中国宜加强同欧盟机构的协调，推进基建领域的务实合作。欧盟在巴尔干地区有着较大影响力，对此中方不应忽视，加强同欧盟的合作和协调有助于促进"中欧陆海快线"建设在欧洲的推进，双方可以互相借力，互

相支持。

　　欧盟是"16＋1合作"需要面对的主要问题,中国应努力通过沟通使其摆脱不安心态。欧盟担心"16＋1合作"有多方面原因:首先是担心欧盟被中国从体制框架上"分而治之",直接影响到欧盟的决策效率和在重大国际事务上发出统一的声音;其次是担心中国的政策破坏欧盟既有的规则和政策,比如中国提供的优惠贷款可能会绕过欧盟的竞争政策,影响到欧盟规则的实施;再次是欧盟中有影响的大国如德国,在中东欧地区有广泛的利益存在,对中国的中东欧政策保持警惕,担心"16＋1合作"影响其在中东欧的利益。欧盟的怀疑态度和其规则的限制无形之中影响到中国与中东欧国家合作。如中国100亿专项贷款就遇到了这样的问题。中方的贷款需要接受方提供主权担保,但提供担保后,接受方债务水平就超过欧盟的标准。因此,中国与中东欧合作事实上正受制于欧盟的此点限制,也反映了中国的规则和欧盟的规则碰撞后,中东欧国家不得不服从欧盟规则的现实。④ 事实上,欧盟机构及重要成员国(如德国)正

---

④ 2014年12月16日,笔者会晤克罗地亚某官员并与其进行交流。

利用规则来约束乃至限制中国和中东欧国家在有关领域的合作，以其作为约束双方关系发展的软性手段。另外，德国方面于 2014 年开始积极推动"柏林进程"，加快对西巴尔干基础设施建设的布局和投入，以期抵消中国的影响。在 2015 年 8 月召开的维也纳西巴尔干峰会上，德国、美国、欧盟等重申了加快西巴尔干基建步伐的政策。因此，中国和中东欧国家合作离不开欧盟的支持，这需要双方创造机会集中探讨有关问题，形成有效的对话。

首先是要做好增信释疑工作，保持同中东欧合作的透明度，让欧盟成为中国—中东欧合作框架下的重要一员，了解和掌握中国—中东欧合作的动态，在重大合作倡议上，坚持做好同欧盟的沟通与协调。

其次是强调互利共赢，共担风险。在推动中欧互联互通合作上，可积极探索政策性金融机构的合作和规则的对接问题。中东欧和欧洲国家很多项目期待来自中国的投资，但中国首要考虑的是规避风险，在这一点上可加强与欧洲政策性投资机构的合作。比如中国的政策性投资机构如金砖国家开发银行、亚洲基础设施投资银行与欧洲的政策性投资机构如欧洲复兴和开发银行及欧洲投资银行合作，以有效规避风险。中国的"一带一路"

建设中的投资项目如丝路基金如何与欧盟的"容克投资计划"、结构基金（含聚合基金）合作，这些双方都没有商谈，但这对于未来合作又是至关重要的。因此，政策性金融机构之间应该先做好协调，完善合作的资金保障问题。另外一个问题就是如何做好规则协调，中国的投资规则和欧盟有较大差异，如何推动规则互相承认与准入，这是将来要面临的问题。中国对投资中东欧的基础设施建设感兴趣，但要面临来自欧盟规则的限制。中国投资中东欧基建一方面要推动双方的货物贸易，另一方面是加速中国的优势装备和产能走出去，但欧盟在这些方面设定了很高的门槛，比如环境、劳工标准等均对中国企业投资造成了不小的挑战。为此双方需要形成一个可以操作的标准，而不是互相制造规则陷阱。

五　务实灵活地处理中国同有影响力的次区域组织的合作,夯实"一带一路"建设的次区域合作基础

区域及次区域合作是欧盟的特点，对此中国不应忽视，而应充分加以利用。维谢格拉德的国家高度关注其

身份认同和地区利益，并以维谢格拉德集团为平台展开了一系列活动。中方应重视他们的活动及身份，积极开展好各种灵活而务实的合作。

首先，为了避免与中国和中东欧国家合作产生冲突，中国可以采取策略性的方式与 V4 国家展开对话。（1）合理确立对话级别，设立专业领域部长级对话，对双方感兴趣的问题进行面对面交流，这与中国—中东欧国家总理级对话不冲突；（2）设计技术性交流与合作平台，如推动 V4 基金与中国—中东欧国家关系研究基金的合作；（3）推动中国和 V4 国家的民间交流与合作，比如中国和 V4 智库合作等。灵活务实处理同中东欧国家的关系将是今后一段时间双方发展的重要方向。最新的信息显示，2015 年 5 月 19 日，中国与维谢格拉德集团首次外交部司局级磋商在斯洛伐克首都布拉迪斯发举行。⑤ 尽管对话的级别较低，但这是一个好的开始。此外，由中国社会科学院牵头的中国—中东欧智库交流与合作网络代表于 2015 年 9 月同维谢格拉德基金代表进行了初步接触，并达成了中国智库机构同维谢格拉德基金合作推动中国—

---

⑤　http：//world. people. com. cn/n/2015/0521/c1002 - 27037461. html.

中东欧国家关系研究的意向。

其次，支持并扶持有特色的倡议和观点，努力梳理中国—中东欧国家合作中的政治明星，推动"16＋1合作"效应的进一步扩大。"三位一体"的对华外交和各种区域合作倡议值得鼓励和推广，像斯洛伐克副总理莱恰克这样的政治人物及其推广的"四位一体"的观点值得重点推介。考虑到中国和维谢格拉德集团实质性对话暂不可能，可以考虑打造"三位一体"的外交模式，即中东欧各国对华政策、"16＋1合作"框架下中东欧各国对华政策和中欧关系框架下中东欧各国对华政策，这一模式中方事实上是比较能够接受的。对"三位一体"模式下符合中东欧地区国情的建议，也应持务实和开放态度。

最后，目前中国和中东欧地方合作搞得不错，点对点的交流已经逐渐做起来，但这不是最终方向，考虑到中国和中东欧合作的特点，还应把点变成面，变成次区域。中东欧国家与中国无论在人口、地域还是市场等方面是不对等的，如何能使双方的合作成规模、上效率、提升水平，中国与带有跨国性的次区域合作就是不错的选择。次区域也是中东欧固有的特点之一，比如西巴尔干地区、中欧地区、东南欧地区、波罗的海地区，发展同某些具体区域的关系，将会丰富双边甚至多边合作的内涵，有利于提升"一带一路"倡议与沿线国家合作的规模、层次和水平。

六　积极积累经验，准确阐释"一带一路"精神实质，把握好"一带一路"建设的大的原则方向

鉴于欧洲精英表示对"一带一路"倡议的概念和内涵无法做准确和深刻的把握，中国可以通过合作来推进欧洲精英对"一带一路"倡议的理解，具体来说有两点。

一是突出互利共赢的合作理念，强调"一带一路"建设对于欧亚两大市场的积极作用，积极做好俄罗斯和其他利益攸关方的工作。中国、俄罗斯、欧盟等参与丝路建设是多方共赢的举措。中国应向这些利益攸关者积极传递和阐明丝路建设主要目的是要建设经济走廊，将会惠及沿途所有国家。"一带一路"建设是多元、开放和渐进的进程，没有地缘政治目的和动机，也不会与现

有国家或地区组织的类丝绸之路建设方案发生冲突。

二是强调"一带一路"只是一项倡议，而不是成型和具体的战略规划，它遵循的是自愿原则和市场导向，并不必然意味着强推某项计划和工程，只要符合各方共同利益，符合市场原则，双方就可以展开各种形式的合作。

在上述原则精神的指导下，就可以把握好"一带一路"建设在欧洲的大的原则方向。

首先，耐心等待时机，不可仓促上马相关项目。中国应充分认识到，"一带一路"在欧洲的建设可能是长期的，因为"中欧陆海快线"沿线国家内外部矛盾在这一时期集中爆发，令人始料未及。希腊债务危机和政府更迭、马其顿严重的政治动荡、塞尔维亚和匈牙利同欧盟关系日益复杂等，相关各国的议会选举导致的政治波动，大国对此地区的干预，欧盟规则对中国投资巴尔干地区的限制，加上难民危机，这一系列问题使得"中欧陆海快线"建设面临的不确定性增强。如果考虑到货物运输量不足等因素，可以适度推迟这项标志性工程，耐心等待时机。

当然，有条件的情况下也可积极推进有把握的项目，比如匈塞铁路，毕竟这是中国宣示的重要工程，可以在有条件的情况下积极推进。

其次，积极妥善处理好国别风险。因为国别对"一带一路"建设造成的风险和挑战更大，而且考虑到随着欧洲债务危机的持续发酵，欧盟内各国各自为政的趋势更为明显，国别重要性增强。因此，工作重点仍应是致力于加强同相关国家的沟通和合作，努力解决双边合作中存在的障碍。

最后，未雨绸缪、防微杜渐，加强对巴尔干乃至欧洲社会层面有关变化的调查研究。密切关注恐怖势力和极端思潮在欧洲的发展以及可能对"一带一路"布局造成的影响。稳妥出台相应政策，创造条件，借助高层互访、大型研讨会、项目合作、人员往来等机会加强对"一带一路"建设正面意义的宣传，夯实中欧投资合作的社会基础。

七　具体个案具体处理，
妥善解决地区危机

这里主要是马其顿危机和希腊危机问题。中国不能深度介入危机，因为处理地区危机不是"一带一路"倡议所要面对的基本问题。

对于马其顿，中国需要冷静观察马其顿政治局势的发展，针对马危机要有所为有所不为，因地制宜地采取相应的措施。

首先，应该积极公开处理中国企业在马其顿腐败事件，不隐瞒真相。可借机向国际社会表明，愿意同它们一道积极处理类似的不规范操作甚至违法行为，依法行商，促进互利共赢，变被动为主动。在反腐实际活动中，应投入力量积极开展对国有企业海外投资中腐败行为的打击力度，借助此次打击在马企业腐败行为争取得到国际社会的支持与配合，化解国有企业在海外的不良影响。

其次，加强同欧盟的协调与合作。积极支持欧盟的调查行动并加强同欧盟协调，消除录音事件的不利影响。支持马其顿在欧洲协调下成立一个亲欧洲的、奉行改革的、有效率的政府，继续努力推动中国和欧盟在西巴尔干的基建投资合作。

最后，今后在同西巴尔干入盟候选国打交道时应保持谨慎，要有底线思维，需正常行事，切记不要以为这些国家未加入欧盟，欧盟相关法律和规则没有约束力。事实上，这些国家政局是非常复杂的，不同政治派别之间的博弈较为激烈，大国势力在此盘根错节，这些国家的法律法规受欧盟规则影响较深，中国投资应先了解欧盟规范以及利益相关者存在的情况，量力而行。

对于希腊危机，我方可采取下列措施。

首先，形势较为有利，抓住时机，推进建设。

总的来说，我们的基本判断是，希腊不会退出欧元区，但危机解决方案虽然达成了，希腊危机却远未结束，还会经历较长一段时间。在这一段时间里，紧缩、私有化将是主旋律，因此，仍会给中国的投资带来契机，我宜稳步推进，冷静观察。

其次，与欧盟做好协调配合，积极推进欧元区稳定，支持到希腊投资和该国私有化。在希腊问题上，与欧盟保持一致，积极推动希腊走出危机。

最后，加强与中东欧其他"一带一路"沿线国家工作，多手准备，多条线筹备。比如，加大对"一带一路"沿线国家相关语种人才的培养力度，鼓励行业协会、商会在"一带一路"沿线国家设立分支机构，加强对"一带一路"沿线国家的国别调研和情报信息搜集的力度，深化国内社会各界对"一带一路"国家的国情认识。此外，中国政府应积极与"一带一路"沿线国家修改和签订双边投资协定,支持中国企业在海外依法维权,要求所在国的政府和法律公正、透明地保护中国企业的合法权益。另外,要规范企业海外经营行为,提高企业的合规守法意识,完善政府对外投资促进体系,降低中国企业面临的政治风险。中国企业应完善投资策略,不要盲目追求大规模的投资项目,适当克制对能源资源等敏感行业的投资,降低投资项目的受关注度和政治风险。

八 做好问卷调查,要善于发现问题,为 "一带一路"倡议提供智力支持

"一带一路"问卷调查就给了我们很好的启示,要坚持做好这项工作,使其成为监测中欧在"一带一路"倡议合作上的晴雨表。

问卷调查的价值在于它通过长期的调研,能够发现一些根本性问题,此外它还具有定量研究的优势,避免了结论的不稳定性和不确定性。比如,在本次"一带一路"问卷调查中就发现了很多问题,需要我们着手、有针对性地加以解决。这里仅举几个例子。

(一)针对"一带一路"倡议的基本内涵的调查表

明：欧洲精英对中国"一带一路"战略构想的根本目的
认识是比较准确和客观的，即推动与沿线国家的经贸与
投资合作以及与相关国家的互联互通。同时，"一带一
路"倡议的正面和积极意义得到很多欧洲精英的肯定和
支持，但对于"一带一路"倡议出台的国内动因认识不
足或不充分，多数精英把"一带一路"尝试看成是外向
型的、单纯的外交政策动议。部分欧洲精英对"一带一
路"倡议所要解决的问题抱有不切实际的期望，把解决
区域冲突和反恐等重要全球性问题也列入倡议的内容范
畴。这些观察均表明，中国对"一带一路"的宣传虽然
比较充分，但是不够全面和到位，应该通过调研及时发
现问题，及时做好补充宣传，使对方对"一带一路"相
关倡议有正确和客观的期待，积极管理好彼此的期望值。

（二）针对中欧双方如何在"一带一路"框架下展
开合作的调查表明：有关双方的金融合作，欧洲对中国
的金融机构寄予过高的期望，但对来自欧洲的金融机构
期望值偏低，对中欧基础设施建设合作发挥重要作用的
多边金融机构如世界银行、亚洲开发银行的角色被明显
忽视或看淡。

对于中欧媒体热议的"容克投资计划"与"一带一

路"倡议合作问题，欧洲精英持乐观态度的人不多，看淡或者不提此项合作潜力的人占据绝大多数。关于中欧基建合作可能面临的问题，欧洲精英对于双方合作有着非常不对称的需求和期望，即将更多的问题归咎于中方出现的问题和存在的差距，而对于欧方能否与中方本着平等互利、协商共建等原则开展合作缺乏认识，以中国是否能迎合欧洲标准为主要判断准绳。

这里就需要仔细分析产生上述问题的原因是什么，同样这也是"一带一路"宣传和实际政策执行过程中容易被忽视的问题。比如，在中欧合作上，欧方对中方投资的期望值较高，总是希望中方多出钱，欧方少出钱，实际上中方应强调合作的市场导向和双赢原则，绝不能让中国独自做冤大头，承担更多的风险。

欧洲精英对"容克投资计划"与"一带一路"倡议的对接持看淡或看衰的立场，这里边的原因是什么，需要认真研究和分析。

关于中欧基建合作，欧洲精英同样持有一种要中国主动与欧洲标准接轨的心态，对此中方应该充分认识到，合作必须是规则之间的相互妥协，而绝不能变成一种规则去迁就和适应另一种规则。

九　既要做好机制创新工作，

也要创有所想，创有所用

随着"一带一路"在周边及欧洲的推进，中国机制创新也取得了不少成果，比如丝路基金、亚洲基础设施投资银行等配套工具的创设，为"一带一路"倡议框架下的中欧合作打下很好的基础。这样的创新是必要的，而且创有所用，能发挥其固有的价值。

但伴随着"一带一路"倡议布局的展开，机制创新的跟风现象开始出现，这里不再赘述，仅以从中国开通到欧洲的各种货运班列为例，尽管不否认大部分货运班列发挥了互联互通的作用，但实际上这种跟风性的机制创新未必对每个省份或每个地区都适用，反而增加了地方政府的负担，恶化了竞争环境，国家在这方面需要加强协调，在推动地方政府在机制创新和追求市场效益上适当作出评估和平衡。

在"16＋1合作"框架内，也出现了各种协调机制，目前粗略统计有十多个已建、在建或者正计划建设的协调机制。如此众多，未必都能发挥作用，笔者在访问中东欧期间顺访了一些协调中心,事实上有些只是开几个会,未必完全实用,这种以专业领域为导向的协调机制本来是一种很好的创新,但千万不能将这种创新无序模仿下去,而是要做好机制整合,使其真正发挥作用,产生效益。

从现在到将来的一段时间看,中国在"走出去"过程中,对金融工具的创新应该发扬,但金融工具创新总体要求较高,目前仍存在片面追求规模效应和模仿在其他区域的金融创新模式的现象,未充分考虑潜在的收益和风险,这种情况应该引起有关部门注意。在2015年苏州峰会上,中方提议建立中国中东欧金融公司,采取市场运作为主的模式,也是一种较好的尝试。

此外,中方在与欧方打交道过程中,最难的是在规则方面的创新,这也是机制创新的一种重要形式。目前,在同欧方规则接轨过程中,因为对方规则要求较高,存在中方被动追求对方规则需求的情况。在这种情况下,应该充分积累经验,发挥创造力,形成中欧双方都能接受的创新性规则倡议,既符合中国实际国情,又能满足对方的要求。因此应加强相关法律人才的培养,强化对相关规则的了解。

十　重视和加强与欧洲具体国家、第三方 和重要利益相关者的合作

中欧在"一带一路"框架下的合作，首先离不开与欧洲国家的合作。欧洲各国情况不同，中国与各国的合作关系也有亲疏远近，很难有一种统一的模式，应该本着"方向明确、一国一策"的原则。

目前，中国与欧洲国家的"第三方合作"方兴未艾，中法、中英最近签署了相关协议，将中国优势产能和装备产品与欧洲国家的先进技术与核心装备相结合共同开发第三方国家的市场。这种方式将中国与相关欧洲国家的优势结合起来，实现融合资源，补齐短板，并在优势对比中支撑起中方与欧方国家经济的立足点，值得推广。"一带一路"建设中会包含多个重要和重大工程，涵盖的区域也比较广泛，从而也为中欧加强同第三方合作创造了巨大的空间。

与一些重要的利益相关者搞好合作也很重要，例如俄罗斯、美国以及部分国际组织等。它们在欧洲有着广泛的利益存在，如果避开这些行为体搞中欧合作，很难

保证中欧关系在未来的稳步发展。这些利益相关者既可能是抑制因素也可能是促动因素，可能会成为深化和扩展"一带一路"倡议的有效推手，如何平衡拿捏至关重要。

比如，俄罗斯因素对"一带一路"倡议影响巨大，中欧要想推进亚欧互联互通，不能抛开俄罗斯，因为俄罗斯的外交政策会影响到欧亚大陆的和平与稳定。有欧洲精英认为，中国必须利用自身优势，吸引俄罗斯，推动中欧俄在亚欧大陆互联互通等项目上有效合作。美国的利益在亚欧大陆广泛存在，美欧有着紧密的合作关系，中方只有在充分理解和考虑美方利益后，把美方拉进来，中欧的合作才能确保顺畅和互利共赢。国际组织具有开发某地区以及某些具体领域的经验，是中国"一带一路"倡议在欧洲推进可以充分借助的资源，如欧洲复兴和开发银行（EBRD）。从欧洲复兴与开发银行在欧洲的活动看，该银行并不仅限于发挥银行的基本职能，而是涵盖了基础设施、能源、财政、金融等各个方面的融资活动，为欧洲社会现代化提供便利，进一步促进非欧盟国家达到欧盟的标准，促进欧盟成员国进一步融入欧洲一体化。类似国际机构在欧洲具有相当大的影响力，我方如果能与其展开合作，则可充分利用其渠道和资源，可以省却我很多探索成本，有助于推动"一带一路"倡议在欧洲更好地布局和开发。

十一　加强前瞻性研究，为"一带一路"倡议进一步深入发展做好理论准备

随着"一带一路"规划在欧洲的逐步实施，我方将会遇到更多的问题，为了能对这些问题有相应的准备，这需要加强前瞻性研究，大胆假设、小心求证，为"一带一路"进一步在欧洲的布局提供理论和政策上的准备。这里边需要研究的问题很多，重点可以关注下列几点。

首先，加强中欧在相关的法律和制度建设方面的研究。"一带一路"下中欧合作金融基础需要夯实，中欧贸易的法律环境和制度建设都要跟上。在金融合作方面可积极推动中欧投资银行的建设以及中国中东欧国家投资银行建设的可行性研究。贸易方面争取与欧洲国家谈判建立更多的自贸区，这可以为中国和欧洲的贸易畅通提供法律保障。中方还可积极主动开展中欧自贸区建设可行性研究。在重点投资区域，如西巴尔干，也可先行

先试，开展中国与西巴尔干地区自贸区建设的可行性研究。

其次，欧洲在"一带一路"建设中的定位研究。"一带一路"是要重点打造全球性产业链，服务于我产品和产能走出去。欧洲的市场潜力能否发挥其优势，还需要观察和研究。欧洲在"一带一路"产业链的位置和作用应该有一个明确的定位和表述，从而为我"一带一路"布局欧洲市场打下基础。

最后，研究如何将好的品牌和成果尽快落地，形成品牌和舆论效应。这方面，宣传的作用较为关键，宣传机构不但应掌握中欧合作的最新动态，而且要学会宣传。可以积极宣介我在世界其他区域在高铁、基建、能源等方面所取得的成功案例和成就，形成中国特色的品牌观，积极打造中国特色的产品"走出去"战略，从而为在欧洲开展"一带一路"建设创造较好的舆论条件。

刘作奎，历史学博士，中国社会科学院硕士研究生导师，中国社会科学院欧洲研究所副研究员，中东欧研究室主任，16＋1智库交流与合作网络秘书处办公室主任，中国国际问题研究基金会研究员，中国社会科学院地区安全研究中心研究员。中国欧洲学会欧洲一体化分会理事、副秘书长，中国欧洲学会中东欧研究分会副秘书长。长期从事中东欧问题、欧洲国际关系（包括中欧关系）等问题研究。迄今为止在 Academic Journal of European Perspective、Asian Studies、China International Studies、《世界经济与政治》《欧洲研究》《世界历史》《国际问题研究》《西亚非洲》等核心刊物发表中英文学术论文 50 多篇。作为主持人承担国家社科基金项目一项（2014 年立项，中东欧在丝绸之路经济带战略构想中的地位与战略风险评估研究）、社科院重大课题一项（2009 年立项，西方发达国家的电子治理及对中国的启示）、主持或参与的省部级课题若干。